KB188672

가장 나다웠던
인생의 한 페이지

류쉬안 · 왕쥔카이 · 자넷 · 장전청 · CC 지음

하진이 옮김

나는 내 인생을
살고 있는가?

가장 나다웠던
인생의
한 페이지

굿북마인드
GoodbookMind

나는
어떤 인생을
살고 싶은가?

"나는 어떻게 살고 있는가?"

"내 인생은 지금 어떤 모습인가?"

"20년, 30년 후에 내 인생을 되돌아봤을 때 수십 년을 살아온 '나'라는 존재의 의미는 무엇일까?"

"나는 내 인생을 주도적으로 이끌고 있는가, 아니면 타인의 기준에 맞춰 수동적으로 끌려가고 있는가?"

"내 인생을 직접 설계했는가, 아니면 환경에 맞춰 살아가고 있는가?"

"내 힘이 보잘것없다고 여기는가, 아니면 내가 꿈꾸는 것을 실현할 수 있다고 믿는가?"

이 책을 읽기 전에 눈을 감고 자신에게 물어보라.
우리 모두 한 번쯤은 이런 의문을 품어봤을 것이다.

"인생이란 도대체 무엇일까?"

'자아실현'은 인생의 중요한 의제이다. 하지만 마음을 가다
듬고 자신의 내면 깊은 곳까지 탐색하며 자기만의 진리를 찾
는 사람은 매우 드물다. 우리는 '외부'에서 그 진리를 찾는 데
너무 익숙해져 있다. 눈을 뜨는 순간부터 밤에 잠자리에 들기
까지 온통 외부 환경에 대한 반응의 연속이다. 반복되는 일상
속에서 끊임없이 외부에서 오는 작용에 반응한다. 하지만 그
렇게 인생에서 마주치는 수많은 사람, 일, 사물들은 우리가 통
제할 수 없는 것들이다.
　우리는 수많은 기대를 품고 주변 사물을 주도하고 간섭하
며 자신의 수요와 욕구를 충족하려고 한다. 그러다 자신의 기
대에 부합되지 않는 결과가 나오면 실망하고 방황하고 심지
어 분노하고 원망한다. 인생의 모든 것을 장악하려 들면서 명
예와 이익을 좇는 데 급급한 삶과, '아무것도 하지 않으면서도,
이루지 못할 일이 없다'는 뜻의 '무위이무소불위(無爲而無所不爲)'
의 삶 중에 어느 쪽이 균형 있는 삶일까? 우리가 삶에 기대를
품는다면 상실감을 감당할 수밖에 없는 것일까? '아무것도 하

지 않으면서도, 이루지 못할 일이 없다'면 삶의 모든 것은 하늘이 정해주는 걸까?

"우리는 어떤 관점과 신념으로 '인생'을 살아야 할까?"

이 책을 기획하려고 구상하게 된 것은 2021년 코로나바이러스 감염증이 대만을 강타했을 때이다. 일상생활이 정지 버튼을 누른 것처럼 멈춰 선 가운데 사람들은 집 안에서 피난생활을 하듯 지내면서 삶의 중심이 갑자기 모호해지고 말았다. 당시 나는 마치 나침반이 방향을 잃고 마구 회전하는 것처럼 무기력함과 두려움, 혼란을 느꼈다.

그러던 어느 날 아침, 정좌를 하고 요가를 하면서 평소처럼 기도했다. 내 모든 정신을 집중하여 이 세상 모든 영혼에게 사랑을 전하는 기도를 할 때 문득 내면에서 이런 목소리가 들려왔다. "이제 때가 됐다!" 이어서 이 책이 내 뇌리에 떠올랐다.

이 책은 그 에너지의 결정체이다. 5명의 공동 저자들의 이타적인 신념과 에너지는 무수히 많은 영혼의 추천과 도움으로 당신의 손에 전달되었다. 우리는 책 속의 모든 글과 앞으로 제작될 동영상을 통해 오랫동안 잠자고 있던 당신의 '내재적 역량'을 일깨울 수 있기를 희망한다.

사람은 누구나 자신만의 삶을 경험하면서 헤쳐나가기 힘든 인생의 난관에 부딪히기도 한다. 우리는 그것을 '인생 과제'라고 부른다. 이러한 과제는 우리에게 조용히 일깨워준다.

"이 관문은 아직 지나지 않았어! 남들이 힘든 일이라고 해서 나도 똑같이 힘든 건 아니야. 또 내가 어렵다고 생각하는 일을 남들도 똑같이 어렵다고 여기지는 않아. 난관을 헤쳐나가느냐 주저앉느냐는 내가 생각하기에 달렸어."

그 생각, 소리, 충돌은 우리가 '어떤 방식'을 선택하게 한다. 난관에 부딪히고, 불안감과 무기력함을 느낄 때 '남들이 우리에게' 하는 말이 아니라 나 자신의 내면의 소리가 내 모습을 만들어간다.

인생의 과제는 그 문제 자체가 아니라 우리가 어떻게 대처하느냐에 달려 있다. 선택은 온전히 우리의 몫이다.

우리의 '내면의 소리'는 인생 이야기를 이어가게 해준다. 당신은 성공한 사람들의 내면에 대해서, 그리고 그들이 자신의 내면과 어떤 대화를 나눴는지에 대해서 궁금하지 않은가?

인생에서 가장 중요한 순간, 그들의 내면의 대화가 오늘날 그들의 모습을 만들어냈다. 우리는 그 내면의 대화를 열어젖히고 그들의 관점을 선택해서 배울 수 있다. 이것은 나 자신과의 대화에 유익한 도움을 주고 내면의 대화 수준을 높여준다.

오늘날 과학적 연구에 따르면 우리 스스로 뇌 속의 언어를 다시 써 내려갈 수 있다고 한다. 자신에게 유익한 사고방식을 연습하고 반복적으로 주입하면, 그 생각들이 점차 '신념'이 되어 자신이 믿는 일을 끝까지 견지할 수 있다는 뜻이다. 장전청과 왕쥔카이는 "끝까지 견지해야 누적되고, 그 누적이 성공이 된다"라는 공통된 신념을 가지고 있다.

이 책에서 두 번째로 논하는 중점은 '그들의 내면의 목소리는 어디서 왔는가?'이다. 그들의 신념은 어떻게 만들어졌으며, 행동의 배후에서 지탱해주는 원동력은 무엇일까? 우리가 무엇인가를 '간절히' 하고 싶을 때 실제로 우리가 원하는 것은 '그것을 얻었을 때의 느낌'이다. 가령 내가 날씬해지고 싶은 이유는 날씬해진 이후의 가벼운 '느낌', 건강하고 활력 넘치는 '느낌', 남들로부터 날씬하다고 칭찬받을 때의 유쾌한 '느낌'을 누리기 위해서다.

우리의 진정한 원동력은 그 일이 가져오는 성취감, 유쾌함, 안전감 그리고 인정받고 사랑받는 느낌이다. 그 '느낌'이야말로 우리가 무언가를 간절히 원하도록 한다.

우리의 원동력을 충분히 이해하고 파악하고 그 원동력과 '삶의 목적'을 하나로 연결하면 그 역량은 엄청나게 강해진다.

이것이 최고의 자아실현을 이루기 위한 관건이다.

우리가 인생의 목적과 원동력을 명확하게 깨달으면 '생각을 통해 관점을 전환'할 수 있다. 즉, 새로운 사고방식을 주입하여 몸과 영혼이 함께 삶의 목적을 이끌 수 있다. 이는 매우 중요한 인생의 준비 작업이다. 왜냐하면 인생의 여러 난관을 헤쳐 나가고 최고의 자아실현을 이끌기 때문이다.

5명의 공동 저자들의 이야기를 자신의 삶과 접목해 인생의 목적에 대한 자신과의 대화를 다시금 활발하게 이어나갈 수 있기를 바란다.

"자신과의 대화를 잘하면 인생을 통제할 수 있다."

내면의 언어는 컴퓨터의 소프트웨어와 같다. 생활환경과 경험을 통해 무의식적으로 우리의 대뇌와 잠재의식에 주입된다. 다행히 우리는 '의식적'으로 내면의 언어 일부를 제거하거나 재주입 혹은 조정할 수 있다. 우리는 유익한 새로운 관점을 선택하고 주입하여 새로운 사상으로 자신을 진화시킬 수 있다.

수많은 사람들이 성공할 수 있었던 것은 사실상 그들이 우월한 조건을 타고났거나 혹은 삶이 순풍에 돛 단 듯 순조로웠기 때문이 아니다. 그들은 난관에 부딪혔을 때 긍정적인 자기와의 대화가 가장 결정적인 영향을 미쳤다고 한다. 그들은 인생의 목적을 명확하게 알고 있고, 이것이 목표를 위해 끝까지 매달릴 수 있는 끈기를 줬다. 그리고 중간에 포기하지 않고 노력해서 실력을 쌓았기에 성공할 수 있었다.

이 책을 통해 새로운 관점을 가지고 인생을 좀 더 깊이 깨달아서 '자신의' 인생 버전을 실현하기를 희망한다.

우리는 사람들이 이 책을 읽고 '내면의 역량'을 부여하기를 바란다. 그래서 일상생활과 부합될 수 있는 이야기를 하려고 노력했다. '특정인의 이야기'가 아니라 우리의 몸과 마음에 깊이 흡수되어 내면의 생각이 원동력으로 발휘될 수 있도록 말이다.

이 책의 공동 저자들은 가슴속 깊은 내면의 대화와 개성 넘치는 삶의 경험을 조건 없이 공유했다. 그들에게 특별히 감사드린다. 대단하고 사랑이 넘치는 이야기는 사람들이 각자의 신념을 다지는 데 도움이 될 것이다.

자아를 실현하는 과정에서 설령 어느 날 하늘에서 머리 위로 새똥이 떨어지거나 혹은 지나가는 차량이 튀긴 흙탕물을 고스란히 뒤집어쓰더라도 가벼운 발걸음으로 환한 미소를 지으며 외칠 수 있기를 기대한다.

"정말 기대되는 하루다!"

목차

네 번째 이야기

· 장전청 ·

현실에 갇힌
당신을 위해

다섯 번째 이야기

· **인생지도사 CC** ·

지금 상황에서 벗어나고 싶은 당신을 위해

에필로그

나의 갈망

나의 최고의 가능성을 끌어내라

▼

나의 곤경

가능성은 많지만 정확한 방향을 찾지 못한다

▼

나의 신념

자신을 믿고, 자신의 결정을 책임져라

결정력이 부족한
당신을 위해

—

"내 결정은
내가 책임질 수 있다는 것을
믿는다."

류쉬안
베스트셀러 작가

나는 하버드를 나온
결정 장애자였다

—

2000년 6월, 5년마다 찾아오는 하버드대학교의 동창회가 열렸다. 대학 졸업 후 동기들이 만나는 첫 모임이기도 했다. 아마 여러분은 당시 학교에서 박사과정을 밟고 있던 내가 곧 동기들을 만날 기대감에 부풀어 있었으리라 생각할 것이다. 하지만 그렇지 않았다. 나는 동창회에 참석하지 않았을 뿐만 아니라 내 방에 틀어박혀 있었다. 도대체 왜? 이유는 간단했다. 용기가 없었다. 사회에 진출하여 활발한 활동을 벌이는 친구들에 비해 내가 못났다는 생각이 들어서였다.

대부분의 사람들은 이렇게 말할 것이다.

"류쉬안, 농담 말아요! 박사과정을 밟고 있는 당신이 어떻게 그들만도 못하다는 거죠? 당신은 복을 타고나서 풍족한 생활을 누리잖아요? 도대체 무슨 문제가 있다는 건가요?"

그렇다. 내가 어릴 때부터 귀에 못이 박히도록 들은 것이 바로 "너는 수많은 가능성을 지니고 있다"라는 말이었다. 나는 운명의 신으로부터 축복을 받아서 명문 중고등학교를 나왔고, 아이비리그(ivy league, 미국 동북부에 있는 8개의 명문 대학)에 진학했다. 게다가 아버지는 사회적으로 이름난 유명 인사였다. 내가 생각해봐도 마치 태어난 순간부터 복을 주렁주렁 달고 나온 것 같다.

하지만 역설적으로 가능성과 선택지가 너무 많아서 선택 장애에 걸리고 말았다. 영어 속담에 "다재다능하지만, 어느 한 분야에서 완벽하지는 않다(Jack of all trades, master of none)"라는 말이 있다. 다방면으로 뛰어난 재능을 가지고 있으나, 한 가지 특출난 재능이 없는 사람을 빗댄 말이다. 바로 나 같은 사람이다.

어린 시절 '오강벌목(吳剛伐木)'이라는 고사성어를 들은 적이 있다. 한(漢)나라 사람 오강이 신선의 도를 배울 때 집중하지 않고 규칙을 따르지 않자 천신(天神)이 달에 있는 계수나무를 벌목하라는 벌을 내렸다. 그런데 좀처럼 일에 집중하지 못한 오강은 도끼질 한 번 하고 딴전을 피우기 일쑤였다. 그가 딴전을 피우는 동안에도 나무는 계속 자랐다. 그래서 오강은 평생

가장 나다웠던 인생의 한 페이지

을 달에서 나무에 도끼질하며 살아야 했다.

어린 시절 이 이야기는 두려움과 어둠을 상징하는 듯했다.

무수히 많은 선택이 내 앞에 놓여 있지만, 한 치 앞도 내다볼 수 없는 미래를 위해 도대체 어떤 선택을 해야 할까?

내 마음의 소리를 어떻게 따라야 할까?

하버드는
최고급 뷔페 만찬과 같았다

—

나는 어린 시절부터 공부를 잘했는데, 특히 생물 과목에 뛰어났다. 중고등학교 시절 생물은 항상 100점을 맞아서 선생님도 대단하다고 칭찬을 쏟았다. 나처럼 두각을 보이는 학생은 의사나 연구원으로 적합하다는 말씀까지 하셨다. 당시 미국의 중화권에서는 수많은 의사가 배출되고 있었다.

가장 인상 깊었던 기억은 무선호출기가 유행하던 시절 모임이 있을 때면 여러 사람의 호출기가 수시로 울리곤 했던 것이다. 그러면 의사들은 "미안해. 응급 환자가 있어서 가봐야 해"라며 서둘러 자리를 떴다. 그때 부모님이 일부러 나에게 이렇게 당부한 기억이 있다. "얘야, 넌 의사 하지 마라. 의사가 되면 평생 너의 생활을 누릴 수 없단다." 그때 나는 생각했다. "맞아. 의사는 평생 환자를 위해 대기하는 사람이야. 자신의 생활을 누릴 수가 없어."

고등학교를 졸업하고 나는 순조롭게 하버드대학에 진학했다. 하버드대학은 지식과 인성 교육을 모두 중시하는 '전인교육(全人敎育)'을 바탕으로 학제가 편성되어 있다. 대학 1학년 때는 전공과가 나뉘어 있지 않고 2학년 때부터 선택한다. 그래서 원칙적으로 대학교 1학년 신입생은 모든 강의를 자유롭게 수강할 수 있다.

다만 의사가 되고자 한다면 1학년 때 '유기화학' 과목을 필수로 수강해야 한다. 매우 어려운 과목이라서 수강하는 학생들이 낙제의 수렁에 빠지다시피 헤어나지 못하곤 했다. 내 주변의 아시아 출신 동기들도 절반 이상이 이 과목을 수강했다. 다행히 나는 부모님에게 의사가 되라는 압박을 받지 않았기에 이 강의를 선택하지 않았다.

당시 인기가 많았던 강의로 컴퓨터 과목이 있었다. 나 역시 어린 시절부터 컴퓨터를 접했기에 컴퓨터 프로그램에 익숙했으며, 열 살 남짓부터 인공지능(AI)에 깊은 관심을 가졌다. 하버드대학에는 유기화학 과목 이외에도 많은 학생들이 앞다퉈 수강하는 교양과목이 있었는데, 바로 '컴퓨터과학개론(Introduction to Computer Science)'이다. 이 과목 역시 어렵기로 매우 유명하다. 이 과목을 수강하면 컴퓨터과학센터에서 밤을 꼬박 새워야 한다고 말할 정도였다. 이 때문에 나는 컴퓨터 분야에 재능과 관심이 많았는데도 이 과목을 수강하지 않았다.

대개 사람들이 도전을 거부하는 이유는 게으르거나, 자신이 성공하지 못할 것이라는 자신감 결여, 가족들의 반대로 인한 포기, 혹은 동시에 다른 선택을 하기 때문이다. 나는 후자에 속했다. 어쩌면 일부분은 게으른 것도 작용했을 것이다.

대학 1학년 때 나는 그저 다양한 것들을 경험하고 즐기는 데 열중하고 싶어서 여러 동아리에 가입했다. 물론 밤샘하는 날도 많았지만 컴퓨터과학센터가 아닌 다른 곳에서였다. 교내 방송국의 심야 프로그램을 진행하고, 공익활동을 위한 로고송을 작곡하고, 음악극, 여행 잡지 등을 만드는 데 참여하느라 눈코 뜰 새 없이 바쁜 시간을 보냈다.

대학 1학년 시절을 돌아보면, 나를 둘러싼 세상은 무지갯빛으로 찬란하게 빛났던 것 같다. 낮에는 친구들과 어울려 여기저기 놀러 다니고, 밤이면 또다시 기숙사를 몰래 빠져나가 즐거움을 찾아 나섰다.

세계 최대 반도체 파운드리 회사 TSMC(타이완 반도체 매뉴팩처링)의 창립자 장중마오(張忠謀)는 자신의 하버드대학 1학년 시절 경험을 '테이크아웃이 가능한 향연'이라고 표현했다. 나에게 대학 1학년 생활은 그야말로 풍성한 '뷔페 만찬'과 같았다. 하버드는 다양한 흥밋거리와 수많은 가능성으로 가득한 거대한 놀이공원이었다.

그런데 이곳까지 와서 지하실의 컴퓨터과학센터에 틀어박혀 지내란 말인가? 아니면 화학약품 냄새로 가득한 유기화학 실험실에서 시간을 보내라는 것인가? 아니, 나는 절대 그러고 싶지 않았다. 그래서 당시 나는 여느 학생들과 다른 마음가짐으로 대학 1학년 생활을 보냈다. 유기화학이나 컴퓨터과학개론을 수강하는 대신 다양한 동아리에서 활발한 활동을 했다.

어쩌면 여러분은 당시 내가 도전을 거부했다고 말할지도 모르겠다.

하나를 선택하면
다른 하나를 잃게 된다는 난제

—

당시 누군가가 나에게 이렇게 말했다면 어땠을까?

"컴퓨터과학개론을 수강하고 컴퓨터 분야를 본격적으로 파고들면 마흔 살에 은퇴할 수 있을 만큼 큰 성공을 거둘 것이라고 보장한다."

"유기화학 과목을 수강해서 나중에 실험실 연구원으로 종사한다면 분명 암세포를 죽이는 뭔가를 발명하는 등 엄청난 과학적 성과를 거둘 것이라고 보장한다."

그때 '장담'이나 '보장'이라는 게 있었다면 나는 분명 그 과목들을 수강하며 도전했을 것이다. 앞으로 땅값이 5배 오를 것이라는 확실한 보장이 있다면 콩팥을 팔아서라도 그 땅을 사지 않을 사람이 누가 있겠는가? 하지만 인생에는 각기 다른 수 많은 선택이 놓여 있다. 수십억 수백억이 있다고 해도 그 선택의 미래를 내다볼 수는 없다.

어릴 때 일찍 유학길에 오른 뒤, 다시 대만으로 돌아간 것은 열아홉 살 때였다. 당시 아버지가 저술한 《자기 긍정》이 이제 막 출간된 즈음이었다. 내가 하버드대학에 조기 진학한 소식이 외부로 알려지면서 많은 학부모들이 대량으로 이 책을 구입했다. 그래서인지 대만으로 돌아갔을 때 마치 내가 스타가 된 듯한 기분이었다. 내가 누구인지 다들 알아보았으니 말이다.

내 학업 생활은 평범하기만 했고, 아버지가 나에게 심어준 가치관도 딱히 특별하지 않은데, 왜 그렇게 대중들이 환호하는지 이해할 수 없었다. 나는 대중의 환상이 덧입혀지지 않은 본연의 나를 되찾고 싶은 마음, 혹은 내 인생의 주도권을 갖고 싶은 마음에서 책을 쓰고, 강연하고, 자원봉사 활동을 하기 시작했다. 그러한 활동을 계기로 대만과의 접촉도 점점 깊어졌다.

매년 방학 때면 대만으로 돌아가는 '선택'을 했다. 하지만 이를 선택하는 동시에 다른 것을 잃었다. 미국의 대학생들은 특히 여름방학이면 월스트리트나 맥킨지그룹에서 인턴 실습을 진행한다. 인턴을 신청하면 대기업에서 두 달 동안 근무할 수 있는데, 미국 대학생들에게는 매우 중요한 경험이다. 이 실습을 통해 업무 경험을 얻을 뿐만 아니라 자신이 어느 분야에 관심 있는지 파악할 수 있다. 덕분에 졸업 후 자신의 진로를 선택할 때 어느 길을 가야 하는지 판단하는 데 큰 도움이 된다.

나는 대학 4학년이 되어 취업 준비를 하면서 내가 어느 분야에 적성이 맞는지 모른다는 사실을 비로소 깨달았다. 내 주변의 동기들은 모두 어느 분야, 어느 회사에 취업해야 하는지를 확정하고 취업 준비를 하고 있었다. 그들과는 반대로 나는 모든 게 낯설기만 했다. 인턴 경험을 해보지 않았으니 말이다.

나에게 익숙한 일이라고는 방학 때마다 대만으로 돌아가서 강연이나 모금 활동을 하는 것이었다. 당시 동기들 사이에서 화제는 어느 회사에 지원서를 냈고, 또 어느 회사에서 채용을 거부당했는지 등이었다. 나만 빼고 모두 앞으로 사회에 진출하여 활동할 자신의 전쟁터와 경주로를 확정한 것만 같았다. 그들에 비하면 나는 아무것도 없었다.

당시 아버지께서 내게 이런 말을 했다. "뭘 해야 할지 모르겠으면 대학원이나 진학하려무나. 심리학 학위 하나 갖고 뭘 하겠니?" 그렇다. 심리학자가 되려면 최소 석사학위는 있어야 한다. 그렇다면 다시 학교로 돌아가 유기화학개론을 수강해야 한다는 소리인가? 하지만 심리상담사가 될 거라면 굳이 그 과목을 수강할 필요 없다는 생각이 들어서 나는 하버드대학원 심리학과에 진학 신청서를 냈다. 박사과정까지 수료할 작정이었다.

사실 불가능한 일이었다. 왜냐하면 하버드대학교 박사과정에 진학하려면 최소 2년 이상의 업무 경험이 있어야 하기 때문이다. 그런데 이유는 모르겠지만 놀랍게도 나는 합격했다.

나는 박사과정 학생들 중에서 유일하게 업무 경험 없이 합격한 학생이었다. 동기들의 평균 연령은 서른다섯 살이었다. 그들은 나를 어린 친구 혹은 영재로 바라봤다. 학부에서 곧바로 대학원에 진학했으니 뭔가 비범한 구석이 있는 사람으로 비쳐졌을 것이다.

역설적이지만 학부에서 곧장 대학원 과정으로 옮겨 온 탓이었는지 내 생활은 대학 시절과 전혀 다를 게 없었다. 밤이면 밤마다 다양한 파티에 참석하며 놀기에 급급했다. 그리고 1년 후 나는 뭔가 시작부터 잘못됐다는 사실을 깨닫기 시작했다.

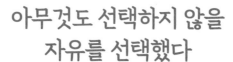

아무것도 선택하지 않을
자유를 선택했다

—

  당시 나는 왜 공부하는지, 공부의 의미를 어디에 두고 있는
지조차 몰랐다. 그래서 나는 학교에 석사학위증 발급을 요청
한 뒤 휴학을 신청했다. 그러고는 석사학위증을 갖고 생면부
지의 알래스카로 날아갔다. 그리고 알래스카에서 집으로 석사
학위증을 부치면서 휴학했다고 알렸다. 그야말로 우리 집안에
거대한 반란을 일으킨 것이었다.

  나는 미국에서 학창 시절을 보낼 때 가장 친하게 지냈던 친
구의 집에 머물렀다. 어릴 때부터 알래스카에서 자라난 친구
는 성장환경이나 가정교육, 가치관이 나와는 판이하게 달랐
다. 부모님이 나에게 뭔가를 강요할 때마다 그 친구는 항상 이

렇게 말했다.

"네가 하고 싶은 걸 해! 아무도 너를 말릴 수 없어. 이걸 해라, 저걸 해라 강요할 수 없다고!"

그러고는 나를 끌고 밖으로 나가 조깅을 했다. 영하의 기온에서 우리는 찰스강을 따라 보스턴 시내까지 왕복으로 달리며 이야기를 나눴다. 돌이켜보면, 당시 그 친구는 내게 서부 개척 시대의 카우보이 정신을 심어줬던 것 같다.

휴학한 첫해에 나는 배낭을 짊어지고 여러 곳을 여행하며 《Why not? 자신에게 자유를 주어라》라는 책을 썼다. 또한 보스턴에 녹음실도 마련했다. 1년은 눈 깜짝할 사이에 지나갔다. 그렇다면 1년의 시간을 보내고 나서 내가 진정으로 원하는 것을 찾았을까? 내 대답은 여전히 "아니오", "아직도 모릅니다"였다. 그러다 문득 또 다른 친구가 내게 이런 말을 했다. "너희 집안의 평화를 위해 부모님 말씀을 따르는 게 좋을 것 같아. 부모님에게 맞서지 마라." 친구의 조언대로 나는 다시 하버드대학에 복학했다.

그러나 1년을 휴학했던 탓에 나는 대학원 동기들에게 크게 뒤처지고 말았다. 나는 뒤처진 것을 메우기 위해 여러 심리학 수업을 들으면서도 마음속으로는 여전히 갈등을 일으키고 있었다. 갈등 속에서 아등바등 대학원 생활을 꾸려가고 있던 3~4년 차에 닷컴버블(dot-com bubble, 인터넷 관련 분야가 성장하면서

주가가 급속하게 상승한 1995년부터 붕괴된 2001년까지 거품 경제 현상—옮긴이)이 일어났다. 대학 동기들 중에는 이로 말미암아 부자가 된 사람도 있었고, 빈털터리가 된 사람도 있었다.

이것이 바로 2000년 하버드대학 동창회에 내가 참석하지 않고 혼자 방에 틀어박혀 있었던 이유였다. 당시 나는 창문 너머로 동창회에 참석해서 잔뜩 술에 취해 떠들어대는 동기들의 모습을 지켜봤다. 그들은 지난 5년간 사회라는 전쟁터에서 이룬 성공과 패배에 대해 이야기꽃을 피우고 있었다. 하지만 나는 어떤가? 전쟁 한 번 치르지 못하지 않았던가?

이때 내 느낌은 이랬다.

"너는 이처럼 많은 잠재력과 가능성을 갖고 있음에도 도대체 뭘 하고 있단 말인가?"

"너는 아무것도 이룬 게 없어!"

"너는 아무것도 선택하지 않았어. 선택한 거라고는 자유 하나뿐이야!"

"너는 가족의 평화를 선택하는 대신 자신의 평화를 포기했어!"

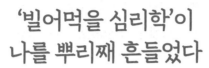

'빌어먹을 심리학'이
나를 뿌리째 흔들었다

—

2000년도의 동창회가 당시 심리학을 공부하고 있던 내 인내심을 흔들어놨다면, 그로부터 1년 뒤 발생한 9·11테러 사건은 아예 뿌리째 뽑아갔다고 할 수 있다. 9·11테러 사건을 통해 나는 이제껏 그토록 많은 책을 읽었지만 실제 살아가는 데는 아무런 소용이 없다는 사실을 깨달았다.

9·11테러로 세계무역센터 빌딩이 한순간에 무너진 후 나는 서둘러 뉴욕으로 향했다. 그리고 맨해튼에 임시로 설립된 '가정지원센터'에서 자원봉사를 했다. 가정지원센터는 1만 2천여 제곱미터 넓이의 개방된 공간에 60여 개의 부스를 만들어서 피해자 가족의 경제적 지원, 심리상담 등을 전문적으로 제공

해주었다.

센터 안으로 들어서자 거대한 게시판이 맨 먼저 눈에 들어왔다. 게시판에는 실종자 가족들이 붙인 포스터가 빼곡히 채워져 있었다. 포스터에는 'MISSING(실종)'이라는 단어가 대문짝만하게 쓰여 있었다.

당시 우리는 피해자 가족들과 대화를 나눌 때 단어 하나하나에 신경 쓰며 조심했다. 특히 '희생자'와 같은 단어는 사용할 수 없었다. 상당수 유족들이 그 단어에 예민하게 반응하며 "그 사람은 희생자가 아니에요. 아직 안 죽었다고요!"라고 울부짖었다.

어느 날 아일랜드 국적의 여성이 찾아왔다. 만삭의 여성 양 옆에는 어린아이 둘이 겁에 질린 채 꼭 붙어 있었다. 그녀의 남편은 테러 사건이 터지자마자 맨 먼저 사건 현장에 뛰어든 소방대원 중의 하나였다. 건물이 붕괴한 이후 소식이 두절된 것이다.

그녀는 이렇게 말했다.

"그날 출동 나가기 전에 남편이 나를 안아주려고 했는데, 전날 밤에 약간 다툼이 있어서 제가 몸을 돌리고 거부했어요. 그러고는 현관문을 닫고 나가는 소리만 들었죠……. 오, 하느님! 나에게 한 번만 더 기회를 주세요! 남편이 살아서 돌아와 준다면 그를 꼭 껴안을 겁니다! 평생 그가 떠나지 않게 할 거예요!"

고통스러워하는 그녀에게 나는 아무것도 해줄 게 없었다. 그저 그녀의 손을 꼭 잡고 이야기에 귀 기울였다. 내 머릿속에서는 그 어떤 위로의 말도 생각나지 않았다. 그야말로 깊고 깊은 무력감만 들었다.

사실 교수님도 우리에게 이런 경고를 해준 적이 있다. 피해자의 정서에 몰입하다 보면 오히려 우리가 큰 영향을 받을 수 있다고 말이다.

"상대방이 고통받지 않기를 바라겠지만 실상 우리는 그들의 고통을 함께 책임질 수 없다. 이때 세상에 대한 혐오감이 생길 수 있고, 또 너 자신이 차가운 방관자로 변할 수 있다. 이러한 '동정 피로(compassion fatigue)'는 야금야금 너의 의지를 갉아먹을 것이다. 그러므로 자신이 숨 쉴 수 있는 공간을 반드시 남겨둬야 한다!"

그럼에도 이러한 동정 피로 현상이 나에게 일어날 줄은 꿈에도 생각하지 못했다.

나는 날마다 지원센터에 나가서 수많은 희생자 가족들의 이야기를 하나하나 들었다. 그러고는 집에 돌아와 거울을 보면 나 자신인지조차 못 알아볼 정도로 초췌한 모습으로 서 있곤 했다. 어느새 눈물도 많아졌다. 부모님이 소파에 앉아 TV를 보거나 혹은 여동생이 옆에서 학교 과제에 열중하는 모습을 보고 있으면 이유를 알 수 없는 눈물이 쏟아져 내렸다. 한동안은 내가 미친 것이 아닌가 하는 생각도 들었다.

훗날 마음을 가다듬고 내 감정을 곰곰이 되짚어보고는 그 감정들을 깨끗하게 걷어냈다. 그랬더니 그 뒤에는 피로감이 아니라 격한 감동이 자리 잡고 있었다. 나는 가족들이 건강하고 평안하게 지내는 것에 크게 감동하고 있었던 것이다.

그렇다면 나는 왜 그렇게 행운아인 걸까? 다른 사람들은 왜 그렇게 불행한 걸까? 나는 내 행운을 감사하면서 또 다른 한편으로는 양심의 가책을 느꼈다.

이 일로 당시 심리학을 계속 공부해야 할지 의구심을 품고 있던 나는 뒤통수를 얻어맞은 기분이 들었다. 심리학을 아직 충분히 파고들지도 못했고 어떤 논문을 써야 하는지도 모르는 데다 고통받는 사람들조차 제대로 도와주지 못하고 있지 않은가? 이런 패배감은 마치 칼에 베인 듯한 고통을 주어 견딜 수가 없었다. "빌어먹을 심리학!" 나는 그 길로 뉴욕을 떠나 대만으로 돌아갔다.

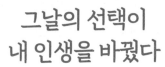

그날의 선택이
내 인생을 바꿨다

—

대만에서 새출발을 하면서 나는 무슨 일이든 진심을 갖고 적극적으로 참여하며 도전했다. 그 기간에 광고, 제작, 감독, 편곡 등의 일을 접했고, 방송, 잡지, TV 프로그램 등도 제작했다. 심지어 자재나 소품 도구 운반하는 일도 하며 팀원들과 함께 밤을 새우기도 했다. 무슨 일이든 가리지 않고 할 수 있는 일은 모조리 경험하면서 많은 것을 배웠다. 너무 오랜 시간 인생을 허투루 살며 시간을 낭비했다는 생각에 그 어떤 기회도 놓치지 않고 뛰어들었다. 고생을 인생의 보약으로 여기면서 말이다.

그런 과정에서 내가 DJ를 맡거나 광고음악을 편곡하는 일을 매우 좋아하며, 남들도 내 실력을 인정해준다는 사실을 깨달았다. 그래서 이 분야로 계속 파고들지 고민했지만 마음속에는 여전히 망설이고 주저하는 부분이 있었다. 그런 가운데서도 나는 계속해서 책이나 칼럼을 쓰고, 강연을 했으며, 심지어 영화도 제작했다.

이러한 내 도전 실험은 《Get Lucky! 행운을 빌어요》라는 책의 출간에까지 이르렀다. 그리고 베이징의 출판사에서 나를 주목하는 계기가 되었고, 샤먼(廈門)의 '스뎬두수(十點讀書, 10시의 독서)'라는 독서문화 플랫폼과 인연을 맺어 '3분 심리학 강당' 등의 온라인 강좌를 진행하게 되었다.

모두 내 추진력과 결과물에 칭찬을 늘어놨지만 나는 그저 이런저런 진로를 탐색하는 과정에서 다양한 일을 접하며 배운다는 마음이 컸다. 사실 내 마음은 여전히 갈피를 못 잡고 안개 속에서 헤매는 듯한 불안감으로 채워져 있었다. 이 기간 동안 눈코 뜰 새 없이 바쁜 나날이었지만 크나큰 행복을 느꼈다. 모든 것이 내 선택이었고, 또 그렇게 해서 얻은 결과물은 나 자신을 위해 쟁취한 것들이었기 때문이다.

그러던 어느 날 메일 한 통을 받았다. 베이징의 강연 경연 프로그램인 〈나는 연설가이다〉의 제작자에게 온 초청장이었다. 사실 나는 이 프로그램에 그다지 관심이 없었다. 하지만 마침 아버지의 작품이 베이징에서 전시되고 있던 중이어서 겸사겸사 베이징을 방문하면 만나서 논의하자고 회신을 보냈다. 나에게 새로운 기회가 될 수도 있다는 생각이 들었다.

프로그램의 각본가인 더우쯔(豆子)는 젊은 여성이었는데, 나와 아버지의 이야기를 주제로 강연해주기를 요청했다. 나는 잠시 생각하다가 그 요청을 거절하기로 결심했다. 이때 내 마음속에서 이런 외침이 들려왔기 때문이다.

"단 한 번의 기회이다. 내가 하고 싶은 이야기를 하고 싶다. 심리학에 관한 이야기를 들려주고 싶다."

그럼 왜 하필 심리학인가? 한때 심리학에 인내심을 잃어버리지 않았던가? 사실 당시 나는 '긍정심리학(positive psychology)'에 깊이 빠져 있었다. 더불어 다른 심리학 책도 모조리 다시 읽고 있었다. 그래서 단 한 번의 기회밖에 없다면 심리학에 대해 이야기하고 싶었다.

첫 번째 방송에서 나는 심리학에서 유명한 '마시멜로 실험' 이야기를 강연했다. 나중에 더우쯔가 들려주기를, 프로그램이 방송되기 전에 제작 관계자가 이번 방송은 시청률이 매우 낮을 것이라고 장담했다고 한다. 그런데 뜻밖에도 결과는 그 반대였다. 이 프로그램이 시작된 이래 최고 시청률을 기록했다. 그 덕분에 제작진은 강연의 주제에 대해 더 이상 나에게 특별한 요청을 하지 않았다. 나는 계속해서 심리학을 주제로 강연을 이어가며 결승까지 올라갔다.

방청객의 현장 투표 시간을 고려하여 경연대회의 결승전과 최종 결승전은 같은 날 녹화되었다. 이는 곧 2개의 강연 원고를 준비하되 최종 결승전에서 나머지 원고를 강연할 수 있을지는 장담할 수 없다는 뜻이었다. 이런 강연 프로그램은 어느 가수왕을 뽑는 프로그램보다 훨씬 어렵다고들 말한다. 노래는 다른 가수의 노래를 부를 수 있지만 강연은 자신이 직접 원고를 쓰고 외워야 하기 때문이다. 그뿐만 아니라 프로그램에서 강연할 원고는 사전에 제작진에게 보내서 효과음악이나 조명 등을 미리 준비해야 한다.

나는 결승전에서 모두가 익숙하고 좋아하는 중국 문화를 주제로 강연하고 싶었다. 하지만 결승전은 제작진이 정한 주제로 강연을 진행해야 했다. 참가자 모두에게 '용감한 자의 직언'이라는 똑같은 주제가 주어졌다.

어린 시절 대만과 외국에서 자란 나에게는 너무도 어려운 주제였다. 그래서 나는 아버지에게 전화를 걸어 도움을 요청했다. 그러자 아버지는 내게 이렇게 말했다.

"근대 역사와 관련된 이야기는 절대 언급해서는 안 된다. 내가 사마천과 ≪사기(史記)≫에 관한 원고를 만들어줄 테니 그것만 외워라. 그럼 문제없을 거다!"

얼마 뒤 아버지는 딱딱한 문어체로 만든 원고를 보내며 무조건 외우라고 했다. 그래서 나는 다른 원고를 하나 더 준비해서 두 편을 외웠다.

녹화 기간에 참가자들은 같은 호텔에 묵었기에 호텔 직원들과도 상당히 친숙한 편이었다. 경연 전날 리허설에 참석하기 전에 호텔 식당에서 식사를 했다. 나는 그냥 지나가는 말로 이렇게 물었다. "오늘은 생굴이 있나요?" "그럼요. 오늘 마침 생굴이 들어왔어요! 제가 몇 개 갖다 드릴게요!" 직원이 매우 친근하게 대답했다. 그리고 내가 사양하기도 전에 냉큼 굴 한 접시를 가져다줬다. 거절하기가 미안해서 6개 정도 먹었는데, 1시간도 채 되지 않아 몸이 이상해지기 시작했다. 손발이 저리고 불덩이처럼 몸에 열이 오른 것이다.

이어서 진행된 리허설에서 내 컨디션은 엉망이었다. 리허설이 끝난 뒤에는 거의 탈진 상태에 이르고 말았다. 이때 더우쯔가 나에게 다가와 말했다.

"쉬안 씨, 첫 번째 원고는 좋은데, 두 번째 원고는 아무래도 내용이……."

"지금 내 꼴이 안 보이세요? 지금 이 상태에서 새로 원고를 쓰는 건 불가능해요."

몸 상태가 안 좋으니 말투조차 불친절했다. 그러자 더우쯔가 말했다.

"괜찮아요, 괜찮아요. 그냥 우리가 보기에 좀 아쉬워서 그런 거예요. 왠지 마지막 편 원고가 당신답지 않다는 생각이 들어서요. 그럼 일단 호텔에 돌아가서 쉬세요."

호텔에 돌아와서 뜨거운 물에 샤워하며 몸과 마음의 긴장을 풀려고 애썼지만 머릿속에는 계속해서 '용감한 자의 직언, 용감한 자의 직언'이라는 단어가 맴돌았다. 그런데 바로 그 순간 누군가 사진으로 보여주는 것처럼 이야기 하나가 떠올랐다. 나는 그 이야기를 단숨에 써 내려갔다. 그러고는 이런 생각을 했다. '도대체 이게 뭐지? 이 이야기가 용감한 자의 직언이라는 주제와 무슨 관련이 있지?'

그날 밤 더우쯔가 약을 갖고 나를 찾아왔다. 나는 머릿속에 떠올라서 즉흥적으로 써 내려간 이야기를 들려줬다. 왠지 직감적으로 그 이야기를 누군가에게 입 밖으로 내뱉어야만 머릿속에서 사라질 것 같다는 생각이 들었다. 그런데 뜻밖에도 더우쯔가 이렇게 말했다.

"쉬안 씨, 그 이야기를 방송에서 들려주세요."

"왜죠? 이게 용감한 자의 직언과 무슨 관계가 있죠?"

그러자 그녀가 대답했다.

"나도 모르겠어요. 근데 왠지 그 이야기를 들려주는 게 좋을 것 같아요."

그야말로 모호한 대답만 던져놓고서 더우쯔는 호텔 방을 떠났다.

그때는 이미 밤 11시가 다 된 시각이었다. 나는 미리 준비했던 원고와 '용감한 자의 직언'과 무슨 관계가 있는지조차 모르는 그 이야기 중에 하나를 선택해야 했다. '이미 달달 외운 기존의 원고로 강연해야 할까? 아니면 내 마음속에서 솟구친 이 이야기가 세상 밖으로 나갈 기회를 줘야 할까?' 그때까지만 해도 나는 알지 못했다. 그날의 선택이 지금 내 인생에 적잖은 영향을 미쳤다는 사실을.

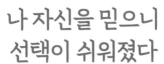

나 자신을 믿으니
선택이 쉬워졌다

—

결국 내 마음속의 이야기에 기회를 주기로 결정했다. 나는 노트북을 열고 강연 원고를 써 내려갔다. 처음에는 막연하게 머릿속의 생각을 주섬주섬 써 내려가는데, 쓰고 또 쓰다 보니 이야기가 술술 풀려나갔다. 아주 이상한 느낌이 들었다. 마치 누군가 내 손을 잡아끌고 한줄 한줄 써 내려가는 느낌이었다. 원고를 다 쓰고 나서 고개를 들어보니 어느새 새벽이 밝아오고 있었다. 8시 30분까지 녹화 현장에 가려면 서둘러야 했다.

나는 필요할 경우 복사할 수 있도록 원고를 더우쯔에게 전했다. 운 좋게 최종 결승전까지 진출한다면 그 원고로 강연할 계획이었다. 사실 이 원고를 사용할 수 있을지 확신은 없었다.

그런데 뜻밖에도 내가 결승전을 통과하면서 미처 준비할 새도 없이 곧바로 최종 결승전에 나가게 되었다.

최종 결승전 녹화 시간까지는 40분의 여유밖에 없었다. 나는 황급히 방송국 외부 주차장으로 가서 건물 모퉁이에 숨어 부랴부랴 원고를 외우기 시작했다. 약을 먹긴 했지만 여전히 두통이 심한 데다 이미 결승전에서 모든 힘을 쏟아부은 탓에 도무지 원고를 외울 수 없었다.

결국 나는 원고 외우는 것을 과감히 포기했다. 방송 녹화가 시작되고 무대에 오르자 아니나 다를까 원고 내용이 생각나지 않았다. 강연 중간에 다음 말을 잇지 못해 잠시 머뭇거리기도 했다. 설상가상으로 강연 내용이 리허설 때의 원고와 달라서 미리 배치되어 있던 효과음이나 조명도 헝클어지고 말았다.

강연이 끝났을 때 나는 이렇게 낙담했다. "망했어! 이제 다 끝났군." 그런데 뜻밖에도 현장 투표가 시작되면서 관중들이 하나둘씩 일어서서 이렇게 말하는 것이 아닌가? "류쉬안에게 한 표요!"

그렇게 나는 강연 경연대회의 최종 우승자가 되었다. 나의 '용감한 자의 직언' 강연은 내가 직접 겪은 이야기를 담고 있었다.

대학 시절 학교 부근에 초밥 가게가 있었다. 주인은 매우 친절한 일본인이었는데, 우리는 그를 '초밥 아저씨'라고 불렀다. 어느 날 저녁 기숙사 친구가 초밥 도시락을 한 아름 안고 돌아와서 득의양양한 표정으로 말했다. 초밥 가게가 문을 닫은 뒤에도 외부 냉장고에 자물쇠를 채워놓지 않아서 그 안에 들어 있는 초밥을 아무나 가져올 수 있다는 것이었다. 순간 의구심이 들었지만, 이어진 친구의 말에 고개를 끄덕였다. "어차피 내일이면 초밥이 상해서 먹을 수 없고, 또 팔 수도 없잖아." 곰곰이 생각해보니 친구의 말이 일리 있는 듯했다.

그러던 어느 날 저녁 이미 문을 닫은 초밥 가게를 지나가다 문득 냉장고 안의 초밥을 마음대로 가져가도 되는지 한번 시험해보고 싶은 생각이 들었다. 그래서 냉장고 문을 막 여는데 갑자기 보안경비원이 나타나 나를 붙잡았다. 보안경비원은 곧바로 초밥 아저씨에게 전화를 걸었다. 처음에는 "제가 도둑으로 보이세요?"라며 강변했다. 그러자 초밥 아저씨가 엄숙한 표정으로 말했다.

"팔고 남은 초밥은 버리지 않고 기부한다네. 이 남은 초밥은 부근의 노숙자 보호소에 기부하는 거야. 저녁에 그곳 담당자가 와서 가져갈 수 있도록 냉장고에 넣어둔 거라고. 자네가 훔친 것은 그 노숙자들의 저녁 한 끼였어."

그러고는 총명한 머리만 굴릴 줄 알지 마음은 베풀 줄을 모

　　　　가장 나다웠던 인생의 한 페이지

른다고 한마디 덧붙였다. 그의 말에 나는 얼굴이 벌게지도록 부끄러움이 몰려왔다. 그래서 나는 용기를 내서 사과했다.

"제가 잘못했습니다! 정말 죄송합니다!"

그 뒤에 초밥 아저씨는 나에게 책임을 묻지 않았을뿐더러 초밥을 잔뜩 만들어서 보내줬다. 자신의 양심이 나에게 보내는 선물이라고 했다. 그 선물에 나는 부끄러워서 쥐구멍에라도 들어가고 싶었다. 나는 부끄러운 마음을 조금이라도 덜기 위해 그 초밥을 거리에서 만난 노숙자에게 전했다.

만일 사과하는 데도 용기가 필요하다면, 공개적으로 자신의 잘못을 인정하는 데는 더 큰 용기가 필요하다고 생각한다. 그래서 나는 강연 경연대회에서 내 마음속 깊은 곳에 감춰두고 이제껏 누구에게도 말하지 않았던 나의 부끄러운 과거를 밝혔다. 내 이야기가 어쩌면 다른 사람들에게 도움이 될지도 모른다는 생각에서였다.

하버드 경영대학원의 마지막 수업에서는 어떻게 하면 죄를 짓지 않는지에 대해 가르쳤다. 이 수업에서 교수는 학생들에게 이런 말을 했다.

"미래의 여러분은 크나큰 권력을 갖게 될 것이며, 수많은 돈의 유혹을 받을 겁니다. 하지만 여러분은 용기를 가지고 원칙을 지키는 사람이 되어야 합니다."

그렇다. 당신이 양심을 외면한다면 "어차피 팔지도 못할 초밥이라서 버릴 텐데"라는 변명처럼 무슨 일이든 자신의 행위를 합리화할 것이다. 오늘 초밥 도시락 2개를 훔쳤다면 내일은 컨테이너 2대를 훔치거나 혹은 이중장부를 만들게 될 것이다. 마지막에는 그때 초밥 도시락을 훔쳤던 내 동기처럼 회사의 주가 조작과 이중장부로 감옥살이를 하는 최후를 맞게 될 것이다.

20여 년 전에 있었던 이야기를 털어놓은 덕분에 강연 경연 대회의 우승자가 되었지만, 돌이켜보면 참으로 신기하기 짝이 없었다. 전반적인 과정이 마치 신의 힘이 작용한 듯한 느낌이었다. 갑작스러운 식중독으로 정신이 혼미한 상태에서 하늘의 도움이 있었는지 아니면 내 잠재의식 덕분인지 머릿속에서 내내 초밥의 기억이 맴돌았던 것이다. 각본가 역시 이유는 모르겠지만 내 이야기에 긍정적으로 반응하지 않았던가.

이러한 연이은 사건들이 이미 정해져 있었던 듯싶다. 부끄러웠던 과거의 이야기를 대중들과 공유하며 이를 계기로 사람들을 도우라고 말이다. 마치 내 머릿속에 무언가를 주입시키고 이렇게 명령하는 듯했다.

"이대로 실행하시오!"

이 경험은 동시에 나의 내재적 가치를 공고히 해줬다. '용감한 자의 직언' 강연에서 내가 진정으로 용감하고 진실한 일을 했다면, 그로 말미암아 약점을 공유할 수 있는 용기가 생겼다는 것이다. 이 일은 나에게 크나큰 격려가 되었다. 그래서 나는 지금 여러분들에게 이렇게 말할 수 있다.

"자신의 마음을 믿으세요! 당신의 마음이 주변 사람들에게 전달될 것입니다."

일단 시작하는 것만으로
좋은 선택이다

—

그래서 나는 '천명(天命)'은 하나의 선택을 하는 것이라고 생각한다. 그 선택은 하늘이 당신에게 준 사명이지만, 당신은 반드시 스스로 그것을 선택해야 한다. 어쩌면 당신은 승리를 거둘 확률이 그다지 높지 않고, 또 그 선택으로 크나큰 대가를 치를지도 모른다. 하지만 이 세상에 공짜로 돈을 벌 수 있는 일이 어디 있겠는가? 선택했으면 모든 위험 부담을 묵묵히 감수하라. 그리고 끝까지 지켜나간다면 좋은 일이 일어날 것이다.

전 세계 유튜브 구독자가 1억 6천만 명에 달하는 미국의 유튜버 미스터 비스트(MrBeast)는 "어떻게 하면 좋은 유튜버가 될수 있나요?"라는 질문에 매우 명쾌한 대답을 했다. "먼저 동영상을 찍어보세요. 100편째 동영상을 찍을 즈음 당신에게 좋은 일이 생길 것입니다."

그렇다. 당신에게 다른 선택이 없다고 말하지 마라. 우리에게는 평생 선택이 주어지기 때문이다. 대신 과감하게 젖 먹던 힘까지 다해서 모험에 뛰어들어야 한다. 천명은 선택에 행동이 더해진 것이다. 행동하는 과정에서 그 일이 당신에게 맞는지 안 맞는지 알게 될 것이다. 무엇이든 일단 실행해야만 알 수 있다. 실행에 옮겨야 당신이 진심으로 하고 싶은 일인지를 판별할 수 있다.

내 작업실에서도 강습생들이 명상을 통해 마음속으로 미래의 세계를 바라보도록 유도한다. 마음을 따라서 인생의 끝에 도달했을 때 당신 주변에 있는 사람들이 어떤 말을 할까? 당신이 무엇을 베푼 것에 감사할까? 이 관점에서 자신의 가치관을 관찰하다 보면 무엇이 당신 인생에서 가장 중요한 일인지 알 수 있다.

강습생들은 바로 이러한 명상 속에서 미래의 광경과 가치관이 지금 자신이 하는 일과 매우 다르다는 사실을 발견한다. 그래서 명상이 끝난 뒤에는 마침내 자신이 평생 가장 원하던 것이 무엇인지를 알게 됐다고 울먹이는 사람들이 많다. 그리고 그것이야말로 그 사람의 '핵심 가치'다. 앞으로 중요한 결정을 할 때 그 일이 자신의 핵심 가치와 일치하는지를 명확하게 비교하고 확인할 수 있다. 나 역시 이런 방법으로 '내 마음을 따라' 결정한다.

물론 때로는 난관에 부딪혀서 끝까지 견지하지 못하거나 혹은 그동안 하던 일에 지루함이나 싫증을 느끼게 된다. 여기서 먼저 알아야 할 점은, 이러한 현상은 어떤 분야에서도 맞닥뜨린다는 점이다. 당신이 천부적인 재능과 능력을 갖추고 있는데도 '안정권'에서만 맴돈다면 자신을 위해 새로운 도전을 해보라. 시합이나 경기에 출전하는 것도 좋다.

예컨대 내 딸은 지금 무대 공포증도 없고 큰 소리로 자신 있게 연설하지만 어린 시절에는 완전히 다른 성격이었다. 내 딸이 이렇게 변화한 것은 학교의 이야기 대회나 각종 웅변대회에 활발하게 참가한 덕분이다. 비록 그 과정에서 수차례 포기하고 싶어 했지만 결국에는 어렵사리 끝까지 견지해나가며 자신의 약점을 이겨냈다.

그 일을 끝까지 하겠다고 선택했지만 난관에 부딪힐 때마다 도망친다면 그 난관을 극복했을 때 주어지는 달콤한 결실을 맛볼 수 없다. 그러므로 자신을 위해 새로운 도전과 목표를 설정하고 곧바로 실행에 옮겨야 한다. 사람은 대개 그렇다. 예컨대 나 같은 경우 조깅을 하려고 노력하는데, 종종 하다 말다 한다. 그런데 일단 마라톤 대회에 참가 신청을 하면 단 하루도 빼놓지 않고 조깅하면서 성실하게 대회를 준비한다.

언젠가 과학 관련 기사를 읽은 적이 있다. 어느 환자가 뇌파 검사를 하는 중에 갑자기 심장마비로 사망했다. 그가 사망하기까지의 과정은 의료기기에 전부 기록되어 의학계에서 사망 시각의 가장 정확한 뇌파 기록으로 남게 되었다.

비록 하나의 사례이지만, 당시 기록에 따르면 환자의 심장이 멈추기 전후 30초 동안 대량의 감마파와 알파파가 나타났다. 우리가 일반적으로 옛 기억을 회상할 때 나타나는 뇌파 현상과 일치했다. 어쩌면 죽음 직전의 빈사 체험을 한 사람들의 증언처럼 죽음이 임박했을 때 우리는 누구나 자신의 일생을 되감기하듯 돌아보는지도 모른다.

뇌파로 기록된 사망 과정을 봤을 때 사람이 죽을 때 대뇌는 녹화 테이프가 되감기를 하듯 자신의 일생을 회상한다. 어쩌면 이때 일생 동안 내가 결정했던 모든 선택이 재방송되지 않을까? 그러고는 마지막에 "너의 선택이 옳았는가? 너의 선택에 만족하는가? 너의 선택에 평온함을 느끼는가?"라고 자문할 것이다. 당신의 대답이 '예'라면 당신은 후회 없이 평화롭게 이 세상을 떠날 것이다.

오스트레일리아의 호스피스 병동에서 근무했던 브로니 웨어(Bronnie Ware)의 《내가 원하는 삶을 살았더라면(The Top Five Regrets of the Dying)》에는 이런 내용이 있다. 수많은 중병 환자들이 인생의 회한을 브로니에게 이야기해줬다고 한다. 그중에 하나가 "내가 남의 기대를 충족시키기 위해서가 아니라 바로 나 자신을 위해 살아갈 용기가 있었다면 좋았을 텐데"라는 후회였다고 한다. 남이 선택한 삶을 살지 말라는 뜻이다.

생명은 신이 우리에게 준 가장 큰 선물이다. 신은 형체가 없는 영적 세상에서 우리를 달리고, 뛰고, 손가락이 있고, 말을 할 수 있는 신체기관 속으로 끄집어냈다. 우리가 이 세상을 경험하고 또 세계를 변화시킬 수 있게 해주었다.

우리가 살아 있는 것 자체가 하나의 선물이다. 신이 당신에게 살아갈 능력과 행동을 선물해줬으니 마땅히 천명을 소중하게 여겨야 옳다. 자신을 위한 선택을 하고, 눈앞의 현상을 받아들이고, 목표를 설정한 뒤에 행동으로 옮겨라. 그리고 이를 끝까지 견지하며 책임질 수 있어야 한다.

나는 아무것도
후회하지 않기로 했다

—

누군가 나에게 스무 살 시절 후회되는 일은 없냐고 물은 적이 있다. 내 인생에 정말로 회한으로 남는 게 있다면 아마도 대학 1학년 때 컴퓨터과학개론을 수강하지 않은 것이리라. 당시에는 이 강의의 학점을 딸 자신도 없었고 아까운 시간을 번거롭고 피곤한 컴퓨터 공부에 쏟느니 차라리 동아리에서 신나게 노는 게 낫다고 여겼다. 그런데 반대로 생각해보면, 그때 내가 컴퓨터를 파고들었다면 아마 지금처럼 라디오 방송 관련 일도 못 할 뿐만 아니라 완전히 다른 인생을 걷게 되었을 것이다.

그래서 나는 그 일을 회한이라고 말하고 싶지 않다. 회한은 대단히 부정적인 심리로서 "그때 어떠어떠했더라면, 지금쯤 내가 이러이러하지는 않았을 텐데……"라는 생각에 집착하게 된다. 내가 대학 시절에 컴퓨터과학개론을 수강했다면 지금쯤 억만장자가 되어 날마다 개인 전용기를 타고 다니지 않을까, 하는 식으로 말이다. 하지만 지금도 나는 잘살고 있지 않은가? 지난날의 생각에 얽매이면 우리는 영원히 가상의 세계에서 살게 된다. 그래서 나는 '아무런 회한이 없다'를 선택했다.

나의 도전에 대해 좀 더 심층적으로 묻는다면 어떨까? 가령 어떻게 도전에 맞서야 하는가? 도전을 거부하는 심리에 어떻게 대적할 수 있는가? 내가 타고난 재능을 어떻게 잘 활용해야 하는가? 이것은 인생에 회한이 있느냐는 질문보다 훨씬 좋다.

그렇다면 과연 도전은 무엇일까? 도전은 눈앞에 험난한 미래가 놓여 있다는 것을 알면서도, 많은 사람들이 포기하고 주저않는다는 것을 잘 알면서도 의연하게 선택하고 자신의 전부를 던지는 것이다.

물론 허풍을 치거나 아무런 준비 없이 도전해서는 안 된다. 예컨대 맨손으로 고층 빌딩을 올라간다고 상상해보라. 십중팔구 추락할 것이 뻔하지 않은가? 도전하기 전에 먼저 자신의 능력을 제대로 파악해야 한다. 내가 유기과학이나 컴퓨터과학개론을 선택했다면 그것은 도전이 아니라 모험이나 마찬가지였다.

내가 생물학과 컴퓨터 분야에서 매우 좋은 성적을 거두고, 타고난 재능도 있는 것 같았지만 결과적으로 모험을 하지 않았다. 그렇다면 나는 타고난 재능을 제대로 활용하지 못한 걸까? 반대로 도전했더라면 나의 타고난 자질을 십분 활용했다고 할 수 있을까?

아직 최종적인 판단을 하기에는 이르다. 왜냐하면 대부분의 사람들은 어느 정도 연륜이 쌓여야 자신의 천부적인 재능이 무엇인지 깨닫기 때문이다. 심지어 평생 깨닫지 못하는 이들도 부지기수다. 물론 신동은 제외이다. 하지만 신동도 그 자신의 선택과 희생이 있다.

그래서 자신의 핵심 가치관을 찾는 것이 무엇보다 중요하다. 지난 수년 동안 명상을 통해 강습생들이 자신이 가장 중시하는 핵심 가치관을 찾도록 이끌었다. 나도 마찬가지였다. 처음 명상 수련을 할 당시에 내 마음속에 가장 먼저 떠오른 단어는 '내면의 평화'였다. 내면의 평화를 방해하는 원인이 무엇인지, 어떻게 해야 마음의 평화를 얻을 수 있는지 방법을 찾아나섰다.

그러다 우연히 산악자전거를 타고 산길을 오를 때 내가 마음의 평화를 얻는다는 사실을 발견했다. 왜냐하면 그때는 전진하는 시기가 아니라 후퇴하는 시기였기 때문이다. 선택할 것이 많지 않을 때 인생은 매우 단조로워진다. 반대로 당신에게 무한한 가능성이 있을 때 오히려 내면의 평화를 얻기가 힘들다.

나는 이제야 진정한 내면의 평화는 내가 선택하고, 그 선택을 위해 대가와 희생을 치렀을 때 비로소 얻는다는 것을 깨달았다. 그 선택은 다른 사람이 아니라 바로 나 자신을 위한 것이다. 다른 사람의 내면의 평화가 아니라 바로 나 자신의 내면의 평화를 위한 것이다.

나 자신을 위한
선택을 할 수 있게 되었다

—

역설적인 것은, 진정한 평화는 내면의 평화를 얻는 데서 오지만, 진정한 행복은 다른 사람들을 위해 봉사하면서 얻는다는 점이다. 특히 아이를 낳은 이후 그 사실을 발견했다. 이타적인 행위가 자신을 보다 편안하고 행복하게 만들어준다는 점이다.

그러한 이치를 깨달은 뒤부터 타인에 대한 사랑과 봉사를 강연의 출발점으로 삼았다. 강연 무대에 오르기 전에는 마음속으로 소원을 빈다. 이번 강연으로 나 자신이 아니라 청중이 유익한 도움을 얻을 수 있기를 바란다. 그런 소원을 빌고 나면 그날 강연의 전반적인 과정과 결과가 항상 좋았다. 나의 주관을 투영했기 때문인지 아니면 이타적인 소원 때문인지는 잘 모르겠지만, '이타심'을 출발점으로 강연했을 때 청중들이 훨씬 우호적이고 반응도 긍정적이었다.

타인을 위한 봉사를 목적으로 하는 서번트 리더십(servant leadership)은 많은 의미가 있다. 어린 시절 의사가 되어 환자들을 위해 봉사하면 내 시간을 잃어버린다고 생각했다. 하지만 지금은 그 생각이 틀렸다는 사실을 안다. 진정한 행복은 타인을 위해 봉사할 때 비로소 얻을 수 있다는 것을.

특히 전 세계적으로 코로나바이러스 감염증이 휩쓸 무렵 고군분투하는 수많은 의료인들을 보면서 나는 마음 깊은 곳에서 존경심이 우러나왔다. 과거 나를 진료했던 타이완대학병원의 의사는 아침 8시 반부터 시작해서 오전 내내 진료했다. 한참 뒤에 내 차례가 돼서도 그는 여전히 친절하게 말했다. "오래 기다리게 해서 미안합니다." 그러고는 차분하고 세밀하게 나를 진료했다. 그는 매일 똑같은 시간에 진료실에서 수백 명의 환자들을 위해 봉사했다. 나는 자신도 모르게 이렇게 말하지 않을 수가 없었다.

"선생님을 존경합니다! 당신은 참으로 의미 있는 삶을 살고 계십니다!"

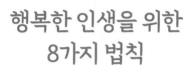

행복한 인생을 위한
8가지 법칙

—

1. 혼자만의 힘으로는 아무것도 이룰 수 없다

언젠가 친구가 보여준 할리우드 영화 촬영장 사진을 보고 소스라치게 놀란 적이 있다. 정말 최고의 분장 기술이었다. 이런 세계적인 수준의 분장 팀이 만들어낸 효과는 참으로 놀라웠다. 하나의 구상이 그 분야 최고 전문가들에 의해 신속하고 정확하게 실현될 때의 느낌은 그야말로 찬탄을 금할 수 없었다.

그 과정에서 미처 생각하지 못했던 뜻밖의 아이디어나 재능의 불꽃들이 얼마나 많이 발휘되었을지 상상해보라. 분명 혼자만의 힘으로 하는 것보다 훨씬 더 많은 성취를 거둘 것이다. 누구든 자신의 '최고 능력치'를 발휘하더라도 현실적 요인과 한계를 고려해야 한다. 그렇기에 '나 혼자' 모든 성과를 거둘 수 있다고 자만해서는 안 된다.

그 분야 최고의 인재들과 협력하고 시야를 넓히지 않는다면 자신의 또 다른 잠재력을 일깨우기 힘들다. 현실적인 예산이나 인력, 심지어 지리적 위치도 개인의 최고 가능성을 제약하는 요인이 된다.

이러한 전제하에 내가 할 수 있는 것은 매일, 매시간을 성실하게 보내며, 겸허함을 잊지 않고 보다 나은 사람이 될 수 있도록 노력하는 것이다. 결과적으로 우리는 다른 사람의 역량이 필요하다. 내가 실현하려는 일을 지지해주고, 서로의 목표를 함께 실현할 수 있는 우수한 조력자가 필요하다.

2. 어차피 시작된 인생이라면 실컷 즐겨라

내 '개성'이 없다고 해서 내가 아무나 될 수 있다고는 생각하지 않는다. 그렇다고 해서 '내'가 사라진다고도 생각하지 않는다. 내 자아(自我)가 없었다면 나는 평범한 직장인이 됐을 것이다. 타이베이에 살면서 돈을 벌고 가정을 보살피겠지만, 특별한 표식으로 묘사할 수 없는 그런 삶을 살아가고 있을 것이다.

'자아'와 '개성'은 어떤 결정을 내릴 때 필터 역할을 한다. 우리는 이 필터를 통해 매 순간, 매 사건들이 적대적인지 우호적인지 살펴본다. 이러한 것들은 모두 '개성'의 일부분이다. 개성이 없다면 우리는 자신의 관점이나 기호에 근거하여 결정을 내릴 수 없다. 그저 '존재'만 할 따름이다.

이런 관점에서 봤을 때 나는 '존재'만 하는 것이 좋은지 나쁜지 확신할 수 없다. 그러니 어차피 시작된 '인생'이라면 실컷 즐기는 게 낫지 않을까?

그리고 이왕이면 내 존재로 이 세상에 아름다움을 하나 더 늘리고, 또 내가 믿는 가치관과 선의를 남기는 것이다. 인생을 더욱 흥미롭고 재미있게 만들 기회가 있는데 왜 하지 않겠는가?

3. '천명'을 찾아낸다면, 언제든지 온 힘을 다해 겨룰 수 있다

정신생리학 학술지에 게재된 논문에 따르면, 여러 해 동안 두뇌 MRI 연구를 진행한 결과 인간은 40세 때부터 '대규모 뇌 회로 재구축(great rewiring)'이 진행되어 과거 기능별로 분리되던 구간이 한데 통합된다고 한다. 이로 말미암아 젊은 시절보다 특정 실행 기능의 표현이 뒤떨어지는데, 이는 곧 생각이 '통합'된다는 것을 의미한다.

40세가 넘으면 건강에 적신호가 나타나기 시작하고, 50세에 이르러서는 두뇌의 변속이 점차 늦어지는 것을 느낄 수 있다. 이러한 느낌은 건강의 적신호보다 더 괴롭다. 자신의 몸이 더 이상 젊지 않은 데다 사고 능력까지 퇴화한다는 느낌에 두려움과 생존에 대한 초조감 속에서 '노화'라는 현실을 마지못해 받아들이곤 한다.

인생의 전반기는 오로지 힘으로 무조건 밀어붙이며 살아왔다면, 후반기는 더 이상 충동적으로 살아갈 수 없다. 이제는 힘을 아끼고, 동작은 간결해야 하며, 호기로움은 버리고 효율적이고 중점적인 생활을 이어가야 한다. 이런 관점에서 봤을 때 공자가 말한 "나이 오십은 지천명(知天命)"이라는 말과도 부합된다.

그렇다면 50세부터 삶의 하락기에 들어선단 뜻일까? 장중마오는 56세에 세계 최대 반도체 파운드리 회사 TSMC를 설립했다. 또한 미국 기업가 레이 크록 역시 50세가 넘어서 햄버거 업체를 매수하여 지금은 전 세계인들에게 익숙한 맥도날드를 키워냈다. 인생 후반기는 결코 인생의 꼬리 부분에 해당하지 않는다. 자신의 '천명'을 찾아낸다면 남은 인생을 던져서 모험할 가치가 충분하다.

내가 지금도 좋아하는 명언이 있다. 마크 트웨인의 말인지는 정확하지 않다.

"인생에서 가장 중요한 두 날은, 당신이 태어난 날과 그 이유를 깨달은 날이다."

남은 인생은 더욱 눈부신 인생의 한 페이지일 뿐만 아니라 자기 수양을 하며 언제든지 새로운 인생의 비탈길을 올라갈 수 있다.

4. 큰 사랑은 자기희생이 아니라 자신에 대한 사랑이다

인간의 DNA에는 모종의 생물학적 메커니즘이 수백만 년 동안 이어온 학습이 축적되어 있다고 생각한다. 내가 그렇게 생각하는 이유는 뭘까? 어느 날 아버지가 밖에서 산책하시다 옷에 달라붙은 사마귀를 일부러 잡아서 집으로 가져오셨다.

어린 시절에 나 역시 사마귀를 키워본 적이 있는데, 아버지는 그걸 나에게 건네주며 이렇게 말씀하셨다. "자, 손자, 손녀들이 갖고 놀 차례구나." 나는 그걸 보자마자 이렇게 말하려고 했다. '맙소사……, 누구더러 꿀벌을 잡아다 사마귀에게 먹이라는 거지?' 그렇다. 바로 나다! 그 뒤에 나는 아들과 함께 꽃밭을 찾아가서 꿀벌을 잡아다 사마귀에게 먹이로 주었다.

사마귀의 생활 논리는 인간과 사뭇 다르다. 첫째로, 사마귀들은 짝짓기가 끝나면 암컷이 수컷을 잡아먹는다. 수컷 사마귀는 머리통이 암컷에게 먹힌 상태에서도 계속해서 짝짓기를 한다. 좀 과장되게 말하면 그 상태에서 여러 암컷과도 짝짓기가 가능하다. 사실 수컷 사마귀는 본연의 생물학적 기능을 최대한 실현했다고 할 수 있다. 암컷 사마귀가 수컷을 잡아먹으면 충분한 단백질을 섭취할 수 있어서 더욱 많은 알을 낳고 부화시킬 수 있기 때문이다.

그렇다면 수컷 사마귀는 잡아먹힐 때 행복했을까? 아마도 대자연은 수컷 사마귀에게 행복이나 쾌감과 같은 일종의 보상을 해줬을 거라고 생각한다. 우주적인 관점에서 봤을 때 이 세상의 모든 현상과 작용은 옳고 그름으로 판단할 수 없다. 우리 인간은 이 세상에 태어난 이상 자아에서 벗어나 세상을 위해 좋은 일을 하고 세상을 존중하며 살아가야 하지 않을까?

어쩌면 우주는 수억 수천만의 각기 다른 생물들을 통해 각기 다른 의식 차원에서 '나는 무엇인가?'에 대한 의문과 어떻게 최고 경지의 자아실현을 선택할 수 있는지를 알아보는 중인지도 모른다.

5. 가정을 최우선으로 삼아라

가정을 꾸리고 가족을 책임지게 되면서 나도 적잖이 변했다. 때로는 즉흥적으로 친구들과 어울려 놀던 시절이 그리울 때도 있다. 친구들이 갑자기 어디 가자고 하면 난 항상 "좋아! 가자!"라고 말했다. 혹은 새로 사귄 친구가 "우리 집에 갈래?"라고 말하면 나는 "좋아! 가자!"라며 따라나섰다. 그리고 그곳에서 새로운 친구를 사귀고, 그 새 친구가 "우리 별 구경하러 가자!"라고 제안하면 그 자리에서 "좋아, 가자!" 하고 우르르 집을 나서곤 했다.

당시 내 마음속에는 '방랑자'가 살고 있었다. 새로운 모험이 나를 어디로 데려갈지 항상 호기심으로 가득했다. 그곳에서 더욱 많은 가능성을 발견하고, 다양한 감동을 느끼고 싶었다.

하지만 가장이 된 지금은 내가 즉흥적으로 가고 싶은 곳으로 떠난다면 아이는 분명히 울면서 나를 찾을 것이다. "아빠 어디 갔어요?" 이젠 아내가 나에게 왜 안 나가고 집 안에만 틀어박혀 있냐고 말한다. 설령 함께 외출해도 내가 원고를 봐야 한다거나, 또 다른 업무로 볼 일이 있다면서 집으로 빨리 돌아가자고 재촉한다.

그렇다. 가정을 꾸리고 나서는 가정이 최우선이 되었다. 아이를 두고 내 마음대로 발길 가는 대로 홀쩍 떠날 수 없다. 부모로서 마음속으로만 아이를 중시해서는 안 되지 않겠는가? 지금은 아이들이 대학교에 진학할 때까지 곁에 있고 싶다. 자신의 인생길을 선택하게 되면 그제야 나는 자유로이 다시금 방랑자 생활을 할 수 있으리라!

가끔 예전의 자발적이고 기민했던 모험이 무척 그리울 때가 있다. 새로운 것을 접했을 때 느꼈던 신기함은 재즈의 생명감처럼 나를 흥분시키곤 했다.

6. 현재가 바로 미래이다

나는 종종 작업실에서 '시간 여행' 방식으로 강습생들이 인생의 방향 혹은 새로운 목표를 찾을 수 있도록 도와준다. '미래 체험'을 통해 목표에 도달했을 때의 느낌과 자신이 원하는 최종 목표가 무엇인지 확인할 수 있다. 목표를 확인한 뒤에는 현실적인 문제에 부딪힐 수 있다. 가령 외부의 압력, 가족이나 친구의 반대 등 이러한 현실적인 생활과 조정할 필요가 있다.

최근 선택의 갈림길에서 어려움을 겪는 친구가 있었다. 안정적이지만 좀처럼 즐길 수 없는 고수입의 일자리와 상대적으로 수입은 적지만 즐겁게 할 수 있는 일자리 사이에서 갈피를 잡지 못했다. 그래서 내가 물었다.

"그럼 장래성이 좋은 일자리는 어떤 것인가요? 좀 더 다양한 방식으로 당신의 특성을 발전시킬 수 있는 일자리는 어떤 것입니까?"

내 질문에 그는 한참 동안 생각하더니 이렇게 대답했다.

"어떤 일자리를 선택해야 할지 답을 찾았어요!"

7. 조금이라도 낫다면 그것으로 충분하다

예전에는 나도 실력은 변변찮으면서 눈만 높을 때가 있었다. 그 원인 중의 하나는 나 자신이 각 분야의 최고 인재들에게 둘러싸인 행운아였기 때문이다. 예컨대 내가 다녔던 줄리아드음대는 세계 최고의 음악대학이었고, 하버드대학은 학술계의 최고 명문 대학이었다. 마치 온갖 고급 음식을 다 맛봐서 일상적인 음식을 먹으면 뭔가 부족하다고 느끼는 심리와 같다. 그 때문에 일할 때도 특별히 더 나은 것을 원하며 까탈을 부리기 일쑤였다.

하지만 '좀 더 나은 것'을 바라는 심리는 오히려 나를 제약했다. 미국 인터넷의 핵심 오피니언 리더(KOL, Key Opinion Leader)가 이런 말을 했다.

"사람은 누구나 자신의 사업을 가질 수 있고, 다른 사람을 가르칠 수 있다. 사람은 누구나 지식 공유 플랫폼의 '지식인'이 될 수 있다."

특히 내가 가장 공감한 말이 있다.

"당신은 그 분야의 최고 전문가가 아니며, 최고 인재를 가르칠 수 있는 사람이 아닐 수 있다. 그저 당신이 가르치는 사람보다 '조금 더 나으면' 그것으로 충분하다."

우리는 누구나 처음 시작점과 최고 정점 사이의 어느 지점에 있다. 이제 막 첼로를 배우기 시작한 사람이 당장에 세계적인 첼리스트 요요마에게 첼로를 배울 수는 없다. 누구나 기초부터 첫걸음을 떼는 것이 옳지 않은가? 그래서 지금은 나도 사고방식이 바뀌었다. 나는 이 분야의 최고 전문가가 아닐 수 있고, 모든 질문에 대한 답을 알고 있는 것도 아니다. 하지만 최선을 다해 끊임없이 나를 발전시킬 것이다.

게다가 경험하는 과정 자체도 매우 큰 가치가 있다. 왜냐하면 그 과정에서 동종 업계의 사람들을 만나고, 현재의 경험만으로도 그들에게 작은 가르침을 전하며 충분히 남을 도와줄 수 있기 때문이다. 그래서 '반드시 더 나아야 한다'는 까다로운 집착으로 나 자신을 제약하지 않게 되었다.

8. 자신의 타고난 재능을 허비해서는 안 된다

나는 선택할 때 '보다 많은 가능성'을 가진 기회, 내 장점을 최대한 발휘하고 타인에게 이로운 역할을 할 수 있는 기회를 선택한다. 내 장점은 아마도 '천성적'인 인격 특성일 것이다. 나는 호기심이 매우 강하다. 호기심이 많아서 항상 각기 다른 방향으로 발전 가능성을 모색하고, 일이든 사물이든 다방면으로 이해할 수 있다. 장점은 후천적으로 길러낼 수 있다. 가령 이야기를 서술하는 표현 능력 등이 있다.

어떤 것이든 나는 '천성적인 인격 특성'과 부합되는 기회를 선택하는 경향이 있다. 왜냐하면 기술은 업무나 경험을 통해 쌓이기 때문이다. 내 마음이 직업의 본질과 가까울수록 기술은 자연스럽게 길러진다. 그래서 자신이 좋아하는 일을 하면 그 과정까지 즐길 수 있다.

우리는 선택과 삶의 역경 앞에서 수많은 제약에 맞닥뜨린다. 가족의 반대와 같은 것들이다. 나 자신에게 좋은 결정이라고 해서 주위 사람들의 찬성이나 지지가 따르는 것은 아니다. 심지어 주변 사람들의 기대에 어긋날 수 있다.

대다수의 역경은 자기 스스로 주는 것인지 모른다. 예컨대 하버드대학 시절에 조금이라도 다방면에서 도전했다면 타고난 재능을 십분 발휘했을지도 모른다. 또한 다른 사람은 경험할 수 없는 일을 경험했을지도 모른다. 사실 가끔 마음속으로는 이런 생각도 한다. '나 자신'이야말로 나의 폭넓은 자아실현을 가로막는 주된 원인이라고 말이다.

나의 갈망

세상을 바꾸고 싶다

▼

나의 곤경

남들과 가치관이 다르다

▼

나의 신념

나의 인생은 내가 결정한다

두 번째 이야기

———

꿈을 믿지 않는
당신을 위해

—

"포기하지 않는다면
항상 기회가 있다고
믿는다."

왕젠카이
아오딩딩그룹 설립자

구글에서 단 하루도
공허하지 않은 날이 없었다

—

    나는 특별한 명문가의 자제도 아니고, 연예계의 유명 인사도 아닌 그저 지룽(基隆) 바더우쯔(八斗子) 어촌의 외조부모 슬하에서 자란 시골 출신이다. 타이베이로 이사 와서 초등학교에 입학하기 전까지만 해도 나는 책 한 권, 아니 중국어 발음 기호조차 익히지 못했다. 물론 유치원은 구경조차 하지못했다.

    유년 시절에 나는 집안일을 돕느라 바빴다. 우물에서 물을 길어 오고, 외할아버지가 판매할 생선을 정리했다. 또 바닷가에 나가서 외할머니가 밥을 짓거나 목욕물을 데우는 데 필요한 불쏘시개를 주워 왔다. 도시에서 자란 대부분의 아이들은 경험하지 못한 일이 나에게는 일상이었다.

지금 나를 알고 있는 사람들은 그러한 내 어린 시절을 상상하기 힘들 것이다. 모두에게 익숙한 내 모습은 창당금융과학기술(闖蕩金融科技)의 창업자이거나 혹은 영세농들을 위한 전자상거래 플랫폼을 만들고, 식품 원산지 추적 시스템을 구축한 몽상가일 테니 말이다. 하지만 본질적으로 나는 여전히 끝없는 바다와 자유를 동경하며 미지의 세계를 경외하던 어촌의 작은 소년이었다.

어린 시절 나는 어민들이 먹고살기 위해 생사의 경계를 넘나드는 한이 있더라도 바다로 나가던 모습을 익히 보았다. 우리 외할아버지도 마찬가지였다. 날씨가 아무리 궂어도, 때로는 태풍이 불어 거센 파도가 칠 때도 고기를 잡으러 나갔다. 그럴 때마다 나는 외할아버지가 위험에 처하지 않을까 전전긍긍했다.

시골 사람들은 이웃 간의 친밀감이나 유대감이 매우 강한 편이다. 예컨대 외할아버지는 물고기를 많이 잡은 날은 이웃에게 나눠줬고, 또 이웃은 바닷게가 많이 잡히면 우리 집에 나눠주었다. 이러한 환경에서 자라난 덕분인지 나 역시 동료들과 함께 나누고 공유하는 것을 즐긴다.

어쩌면 어릴 때 많은 이웃들이 바다에 물고기를 잡으러 나갔다가 영영 돌아오지 못한 것을 보며 인생무상의 이치를 저절로 깨닫게 되었는지도 모른다. 바로 그 때문에 나와 같은 바

가장 나다웠던 인생의 한 페이지

닷가 출신 사람들은 비교적 강인하다. 또 이웃에 불행한 일이 일어났을 때는 남은 유가족들을 보살필 줄도 안다.

내가 실패를 두려워하지 않는 건 어린 시절부터 삶과 죽음을 바로 눈앞에서 보며 자랐기 때문인지도 모른다.

초등학교 1학년 무렵 나는 어촌에서 타이베이로 이사 왔다. 그때만 해도 나는 할 줄 아는 게 없었다. 타이위(臺語, 대만 방언—옮긴이)만 말할 줄 알았기에 처음부터 다시 시작해야 했다. 다행히 조물주는 나에게 매우 총명한 두뇌를 주셨다. 영특한 두뇌와 시험에 강한 특성이 한데 맞물려 도시에서 내 학업 과정은 매우 순조로웠다. 타이완국립대학을 순탄하게 졸업하고 장학생으로 미국 유학길에 올라 석사학위까지 딸 수 있었다.

솔직히 말해 대만에서 학업은 그야말로 대충대충 땜빵하는 식으로 그저 죽자 사자 암기해서 시험을 치르는 게 전부였다. 그렇게 암기에 익숙하다 보니 미국의 수업 과정은 너무 어려웠다. 심지어 시험문제의 지문조차 제대로 이해할 수 없었다.

그제야 나는 그동안 내 학습 방식이 잘못되었다는 사실을 깨닫고 좌절감에 빠졌다. 장학금까지 받고 있었기에 우수한 성적을 유지해야 한다는 압박감도 컸다. 그래서 다시 원점에서 학습 방식을 바꿔야 했다. 무려 반년의 시간을 들여 나는 대학의 기초 이론을 완전히 익히면서 예전의 시험 만능주의에서 벗어나 진정으로 사고하고 학문을 하게 되었다.

가령 10점 만점이라고 했을 때 예전의 내 수준은 2에 불과했다. 비록 문제의 정답은 잘 맞혔지만 그게 왜 정답인지 진지하게 생각하고 연구해본 적이 없었다. 미국에서 석사과정을 밟고, 진정으로 학문하는 방법을 터득한 이후 내 수준이 9~10점 만점에 가까운 것을 느꼈다. 또 문제의 답안이 어떻게 도출되는지도 정확하게 파악할 수 있었다.

대만에서 학습 태도와도 매우 달랐다. 러시아 출신 교수님의 강의 방식이 매우 엄격했던 탓에 나는 미국에 도착한 순간부터 열심히 공부할 수밖에 없었다. 게다가 교재도 너무 비싸서 살 엄두를 못 내던 나는 강의가 끝나면 곧장 서점으로 달려가 강의 내용을 복습했다. 이해가 안 되는 부분은 충분히 이해할 때까지 수단과 방법을 가리지 않고 파고들었다. 이러한 노력 덕분에 졸업할 즈음 나는 과 수석으로 석사학위를 받았다.

석사과정을 밟고 있을 당시부터 나는 이미 창업을 꿈꿨다. 당시 성공한 테크놀로지 회사 창업자들의 창업 과정을 담은 《세상을 바꾼 32개의 통찰(Founders at Work)》(제시카 리빙스턴)에서 창업에 관한 다양한 지식을 얻기도 했다. 그렇다고 졸업하자마자 당장 창업할 계획을 세우지는 않았다. 집안의 도움을 받을 수 없었기 때문이다.

나처럼 지극히 평범한 집안 출신은 대부분 대학을 졸업하고 회사에 취직해야 비로소 돈을 모을 수 있었다. 그래서 나는 대학을 졸업하자마자 구글 본사에 구직 신청서를 냈다. 그리고 일곱 번의 면접을 통과하고 나서야 최종적으로 채용되어 마침내 꿈에 그리던 회사에서 일하게 되었다.

다만 항상 자유로운 삶을 갈망하는 내 몸속에는 누군가로부터 통제받는 걸 싫어하며 남들과는 다른 인생을 경험하고 싶은 DNA가 있었다. 그래서 구글에 근무하는 동안 단 하루도 공허감을 느끼지 않은 적이 없다. 내 두뇌가 점점 굳어지는 것 같았고, 하루하루 시간을 헛되이 보내는 듯한 느낌이 들었다.

스물여섯,
지금 시작하지 않으면 후회한다

—

하지만 구글은 미국 최고의 테크놀로지 회사가 아닌가? 가장 총명하고 가장 실력 있는 인재만이 들어올 수 있는 곳이다. 비록 회사에 들어오고 나서야 내가 상상하던 것과는 다르다는 사실을 깨달았지만, 이대로 회사를 그만둔다면 구글이라는 회사가 주는 사회적 후광을 내던지는 것이 아닌가? 전 세계 수많은 인재들이 앞다퉈 들어오고 싶어 하는 회사인데…….

그런데도 나는 끊임없이 자신에게 되물었다. 당시에 내 나이는 스물여섯이었다. 지금 새로운 세상으로 뛰어들지 않는다면, 마흔 살이 돼서야 도전하겠다는 것인가? 그러한 고민 끝에 마침내 나는 과감하게 사직서를 제출했다. 당시 주변의 친구들은 모두 의아해하며 그토록 좋은 직장을 왜 그만두냐고 물었다. 사회적 명성을 쌓거나 부자가 되는 것에 관심 없다는 나의 대답에 모두 괴짜 취급을 했다.

물론 나도 처음 창업할 때는 돈을 못 벌면 어떡하나 하는 걱정이 많았다. 그럴 때마다 처음 미국에 와서 대학에 진학했을 때의 힘들었던 날들을 떠올리면 새로운 용기가 솟아났다. 당시 내 전 재산은 900달러가 전부였는데, 유학 생활을 꾸려나가기에는 턱없이 부족한 돈이었다.

남들처럼 유학비를 보태줄 부모가 없었던 나는 장학금으로 모든 생활비를 충당해야 했다. 또한 수중의 돈이 바닥났을 때는 아르바이트로 겨우 버텼다. 그래서 제아무리 창업 과정이 힘들어봤자 유학 초기의 곤궁한 처지로 되돌아가는 것뿐이라고 생각했다. 그런 생각 덕분인지 창업 초기 자금난에 시달리는 것조차 크게 힘들지 않았다.

사실 지금 돌이켜보면, 오히려 그 당시 '아무도 나에게 돈을 보태줄 사람이 없던' 시절을 다시 한 번 겪어야 한다는 생각도 든다. 그래야 새로운 제품을 만들고 새로운 가치를 발굴하기 위해 온 힘을 다해 노력할 테니 말이다. 그래서 나는 돈을 벌기 위해 애썼던 그 시절의 경험을 매우 소중한 자산으로 생각한다. 그 경험이 있기에 설령 창업에 실패하더라도 특별한 심리적 부담이 없다. 어차피 내 돈 내가 잃는 것에 불과하니까.

대학 시절에도 집안 형편이 좋지 않았던 탓에 여기저기 아르바이트 자리를 찾아다니며 돈을 벌었다. 그래서 창업할 때 나는 스스로 자기 추천서를 써서 벤처 기업에 보냈다. 어차피 내가 숱하게 겪은 경험 아닌가? 엄격하게 말하면, 과거의 가난하고 힘들었던 경험이 훗날 나의 창업에 큰 자산이 되었다.

비록 내가 남부러울 것 없는 학력을 갖췄다고는 하지만 스탠퍼드대학교와 같은 명문 대학 출신은 아니었다. 그렇기에 오롯이 나의 노력에 모든 걸 걸어야 했다. 노력만이 유일한 방법이었던 것이다. 도전하는 것만이 가장 중요하다, 무조건 앞을 향해 전진해야만 성공할 기회를 거머쥘 수 있다는 생각만이 내 머릿속에 가득했다.

이러한 내 생각은 매우 단순하다. 내 인생은 스스로 결정한다, 내가 하고 싶은 것을 하고 사는 것이 바로 자유로운 인생이라는 뜻이다. 내가 테크놀로지 회사에 출근하는 직장인으로 계속해서 살아갔다면 '전자상거래'라는 내 꿈에 도전할 수 있었겠는가? 모든 일을 남들의 결정에 따르는 환경에서 살아간다면 어떻게 자기 생각대로 꿈을 이룰 수 있겠는가? 나는 직장 상사나 동료가 내가 하는 일을 결정하게 놔둘 수 없었다. 내가 원하는 일이라면 내 방식대로 도전해야 직성이 풀렸다. 자유와 도전은 나에게 사회적 후광이나 회사 규모, 돈보다 훨씬 중요하다.

대다수 사람들이 인터넷 브라우저, 웹커뮤니티 조작에만 집중할 때 나는 이미 휴대폰의 미래 발전 가능성을 간파했다. 이왕 도전한다면 이미 많은 사람들이 만지작거리고 있는 것이 아닌 미래의 사업 아이템에 도전하고 싶었다. 그래서 나는 암호화폐 비트코인과 블록체인 기술을 연구하기 시작했다. 나는 비트코인이나 블록체인 기술을 응용한 새로운 미래 품목을 발굴하는 데 집중했다. 나에게 창업은 내가 관심을 가지는 일에 대한 도전이었다.

최첨단 IT 기술자가
간장을 팔다

—

미국에서 창업하여 어느 정도 결실을 이뤘을 즈음인 2009년 말에 나는 대만으로 돌아왔다. 그리고 다음 해에 아오딩딩그룹(奧丁丁集團, OwlTing Group)을 세웠다. 흥미로운 점은 오히려 고국인 대만에 돌아와서 한동안 적응하지 못하고 방황했다는 사실이다. 대만의 창업 환경은 미국과는 사뭇 달랐다. 대만에서는 창업할 때 회사의 '자본금'이 매우 중요했다.

예컨대 내가 처음 전자책 사업에 도전하려고 했을 때였다. 당시 여러 출판사와 도서 판매 플랫폼 관계자들에게 투자를 요청했을 때 모두 '자본금이 얼마인가?'라는 사실에만 관심을 두었다. 심지어 대만은 대다수가 중소기업이라서 경제 발전 가능성이 없다고 거침없이 말하는 이들도 있었다.

미국에서 창업했을 때는 전혀 다른 경험을 했기에 나는 이러한 업계 관계자들의 반응에 익숙하지 않았다. 일반적으로 미국에서는 창업 초기 최소한의 규모와 자본으로 시작한다. 그러고 나서 앞으로 사업의 발전 가능성이 크다고 판단되면 회사의 자본금을 확대한다.

당시 대만에서 전자책 사업을 진행하려면 먼저 출판사로부터 판권을 구입해야 했다. 이 말인즉슨 아직 전자책 판매를 하기도 전에 먼저 돈을 지불해야 한다는 뜻이었다. 그러면 전자책 판매 가격도 합리적이어야 하지 않은가? 그렇지 않으면 출판사만 돈을 벌고, 정작 나는 단 한 푼도 이익을 챙길 수 없지 않은가? 그런 식으로 전자책 사업을 시작하면 분명히 회사가 망할 것이라는 판단이 들었다.

대만의 창업 환경에 적응하는 동안 나는 도돌이표처럼 원점으로 돌아가는 과정을 수차례 반복했다. 하지만 괜찮았다. 어차피 타이완국립대학을 졸업하고 미국으로 건너가서 다시 처음부터 시작했던 나였다. 또한 석사학위를 취득하고 실리콘밸리의 회사에 취직했을 때도 수차례 이런 경험을 했다.

나를 빛내주는 사회적 후광이 있음에도 좌절을 겪고 순식간에 '제로(0)' 상태로 돌아가는 것은 너무도 익숙했다. 대만에서의 창업 경험도 다시 원점으로 돌아가는 하나의 '리셋(reset)' 과정에 불과했다. 이처럼 나는 자신을 서슴없이 원점 상태로 되돌리는 과정을 반복하는 사람이었다.

그 후 3년여의 시간 동안 여러 가지 새로운 사업 아이템에 도전했지만 회사의 정확한 방향성을 찾을 수 없었다. 나는 이것도 하늘의 계시라 생각하고 묵묵히 받아들였다.

그러던 어느 날 뜻밖의 기회로 친구의 지인이 간장을 판매한다는 사실을 알게 되었다. 순간 식품 전자상거래가 매우 좋은 사업 아이템이라는 직감이 들었다. 그때부터 식품 전자상거래를 목표로 간장, 축산농가에서 생산하는 원유 등 사업 아이템을 차근차근 늘리기 시작했다.

사실 내가 창업을 꿈꾸는 이유는 오로지 나 자신을 증명하고 싶어서였다. 그 출발점은 나를 위해 싸우는 것이었다. 솔직히 말해서 친구의 추천으로 '간장을 생산하는' 업자를 찾아갔을 때만 해도 나 자신을 특정 범주 안에 가두고 있었다. 나는 '최첨단 테크놀로지 기술을 다루는 사람'이고, 또한 내 전공은 기술이지 판매가 아니지 않은가? 다행히 나는 그러한 생각들을 비교적 짧은 기간에 버릴 수 있었다. 어차피 시험 삼아 도전해보는 건데 무슨 상관이 있겠는가? 나 자신을 작은 울타리에 가둬놓지 말자고 스스로 다짐했다.

그렇게 마음을 비운 뒤에 나는 윈린(雲林)의 더우난(斗南)에 사는 간장 생산 업자를 만나러 갔다. 당시 그의 집 마당에는

가장 나다웠던 인생의 한 페이지

수많은 간장 독이 놓여 있었다. 그것을 보고서야 나는 오랜 내 공을 가진 사람이라는 걸 깨달았다. 간장이라는 사업 아이템이 꽤나 멋있고 신선하다는 느낌이 들어서 전자상거래를 시작했다.

우리의 전자상거래 플랫폼은 간장만 판매하는 것이 아니었다. 판매 상품을 확대할 필요성도 있고, 개인적으로 어린 아들에게 품질 좋은 우유를 먹이고 싶은 마음에 여러 목장을 찾아다녔다. 목장들을 직접 방문해서 시설이나 관리 상태를 자세히 살핀 뒤에 낙농가와 협력 관계를 맺었다.

시간이 지날수록 식품 관련 전자상거래 사업에 대한 관심이 커지면서 내가 다루는 사업 아이템도 점점 늘어났다. 유기농 채소와 과일 판매를 위해 영세농가를 합류시켰다. 그뿐만 아니라 신선하고 안전한 식품 거래는 생산자와 소비자 모두에게 도움이 될 수 있다는 생각에 식품 생산 이력이라는 아이템에도 관심이 생겼다. 이처럼 내 창업의 출발점은 항상 영세농가에 도움을 주고 싶다는 마음이었다.

나는 그저 단순히 내 주특기를 제공하는 것뿐이었다. 다만 이들 영세농가 덕분에 나는 대만이라는 나라에 대해 한층 자세히 알게 되었고, 몸에 좋은 유기농 식품을 만들기 위해 노력하는 수많은 사람들과 친구가 되었다.

어쩌면 내가 옳은 일을 해서 하늘도 나를 도와주는 것이 아닌가 하는 생각도 들었다. 언젠가 전자상거래 플랫폼에서 우유를 판매하려고 했을 때였다. 아내가 웃으며 이렇게 말했다. "마트 가면 널리고 널린 게 우유인데 뭐하러 전자상거래 플랫폼에서 사겠어요?" 그런데 뜻밖에도 얼마 지나지 않아 대만에 심각한 식품 안전 문제가 발생했다. 이로 말미암아 식품 안전에 대한 소비자의 요구가 커지면서 우리의 우유 판매액도 급증했다. 하루에 100여 상자가 팔리던 것이 한 달 만에 1만여 개가 팔린 것이다. 그때의 경험에 나 스스로도 상당히 놀랐는데, 다른 한편으로는 좋은 일을 하면 좋은 보답을 얻는다는 사실도 깨달았다.

기회는 늘
내 옆에 있음을 깨달았다

—

미국에서 창업했을 때였다. 대학 동기이자 실리콘밸리에서 함께 근무했던 친구들이 일부러 나를 멀리하기 시작했다. 알고 보니 '내가 동기들과 함께 밥을 먹자고 하는 것은 창업에 필요한 자금을 빌리기 위해서다'라는 소문이 퍼졌던 것이다. 자기들에게 돈을 빌려달라고 할까 봐 모두 나를 피했다.

사실 나 역시 창업하면서 하루에 겨우 3시간밖에 못 자며 동분서주하던 시기가 있었다. 그 때문에 건강이 점차 나빠졌고, 한때는 혈관종이 생겨 병원 신세를 진 적도 있었다. 이처럼 다사다난한 창업 과정을 거친 뒤에야 나는 창업이 참으로 힘든 길이라는 사실을 알게 되었다.

이러한 경험들 덕분에 나는 회사가 자리를 잡기 시작하면서 창업을 준비하는 사람들을 도와주고 싶은 마음이 들었다. 그래서 신생 회사에 대한 투자도 진행하고 있다. 인생을 살다 보면 좋은 사람을 만날 때도 있고, 나쁜 사람을 만날 때도 있다. 비록 나쁜 사람을 만나는 걸 피할 수는 없지만 우리가 할 수 있는 것이 하나 있다. 좋은 사람을 만났을 때 최선을 다해 그 인연을 기회로 만드는 것이다.

예를 들어 예전에 내가 마이코인(Mai Coin)의 류스웨이(劉世偉) CEO와 함께 식품 전자상거래 플랫폼에 비트코인 결제 시스템을 적용하는 협력을 진행할 때였다. 그들 회사에서 갑작스레 운영자금이 필요하다고 도움을 요청했다. 나는 개인 자금은 물론 여러 친구와 함께 자금을 마련하여 순조롭게 난관을 헤쳐나갈 수 있게 도와주었다. 그로부터 수년 뒤 내가 자금이 필요해지자 류스웨이가 흔쾌히 나서서 도와주었다. 지금 우리는 결제 시스템 업무에서 좋은 협력자로 인연을 이어가고 있다.

"뿌린 대로 거둔다"라는 말처럼 좋은 씨앗을 심으면 좋은 결실을 맺기 마련이다. 뭔가 '위대한 일'을 하는 과정은 분명 간단하지 않을 것이다. 하지만 이러한 신념을 갖고 있다면 그 어떤 결과라도 담담하게 받아들일 수 있다.

다른 사람을 도와주는 과정에서 선한 마음은 서로에게 좋은 영향을 미친다. 이러한 선의는 결국 나 자신에게 돌아오고, 더 나아가 보다 나은 사람으로 거듭나게 해준다. 그래서 다른 사람을 도와주면 훨씬 나은 사람이 된다는 것이 바로 우리 회사의 경영철학이다.

내 역량을 활용하여 주변의 좋은 사람들과 좋은 회사들을 도와준다면 나중에는 그 선의가 나에게 돌아온다는 것을 굳게 믿는다. 예컨대 우리 회사는 본래 작은 전자상거래 회사였지만 다른 사람들을 도와주는 과정에서 블록체인을 접하고 새로운 발전 방향을 모색할 수 있었다. 그래서 내가 다른 사람을 도와주면 전 우주가 나를 도와줄 거라는 사실을 굳게 믿는다.

마이코인과의 협력 후 우리는 아시아 최초로 비트코인 결제 시스템을 도입한 전자상거래 플랫폼으로 자리매김했다. 동시에 전 세계 최초로 식품이력추적관리 시스템을 구축하고, 숙박업 관리 서비스에 블록체인 기술을 적용한 회사가 되었다. 바로 이러한 창의적 발전 덕분에 일본 금융기업 SBI홀딩스의 주목을 받을 수 있었다.

물론 처음에는 SBI 홀딩스와의 투자 협력이 순조롭지 못했다. 헤쳐나가야 할 문제가 너무 많아서 이대로는 가망이 없다며 포기하고 싶은 생각이 들 정도였다. 당시 우리는 직원 10명 정도를 거느린 매우 작은 회사였다. 10억 위안 이상의 투자를 성사시킨다면 우리 회사는 단숨에 큰 회사로 도약할 수 있었다. 하지만 협력을 성공적으로 이루려면 회사 업무 현안의 최종 결정권을 양도해야 했다. 앞으로 무엇이든 내 마음대로 할 수 없다는 의미였다. 나는 고민에 빠졌다. 투자금을 유치해야 할까? 아니면 작은 회사이지만 내 방식으로 계속 꾸려가는 것이 좋을까?

나는 창업 초기의 초심을 되돌아보고는 마침내 '나의 길'을 선택했다.

일본 기업의 투자안을 거절하려고 했을 때 주변의 모든 이들이 나에게 '충동적'으로 결정하지 말라고 조언했다. 사실 국내에서 투자를 유치하기는 매우 어려웠다. 나 역시 투자금 백만 달러조차 유치한 적이 없었다. 그런데 무려 10억 위안이라는 거액의 투자금이 눈앞에 있지 않은가? 당시 이 일로 회사 주주들과 냉전을 벌이기도 했다. 하지만 나는 끝까지 나만의 길로 가기로 결정했다. 이미 결정한 이상 이제 실행에 옮기기만 하면 되었다.

그래서 어느 금요일 퇴근 전에 나는 SBI홀딩스의 창업자인 키타오 요시타카에게 이메일을 보냈다.

"미안합니다. 나는 당신과 협력할 수 없습니다. 현재 협상 단계부터 이처럼 순조롭지 못한 걸 보면 나중에 본격적인 협력을 진행하더라도 여러 불협화음이 터질 것 같습니다."

투자를 거절하는 이메일을 보내고 나니 무거운 짐을 내려놓은 것처럼 홀가분했다. 그런데 뜻밖에 퇴근하고 집으로 돌아오니 키타오 요시타카의 회신이 도착해 있었다. 내가 협력 조건을 제시하되 자신이 반드시 투자할 수 있게 해달라는 파격적인 내용이었다.

'이게 무슨 극적인 반전이지?' 나는 소스라치게 놀랐지만 마음을 차분하게 가라앉히고 그에게 이메일을 보냈다.

"지난 몇 달 동안 제대로 잠을 자본 적이 없습니다. 이틀 정도 푹 자고 나서 최종 결정을 내리겠습니다. 저의 솔직한 생각을 알려드리겠습니다."

그로부터 이틀 뒤, 나는 그에게 메일을 보냈다.

"당신과 협력할 수 있지만, 그렇게 많은 주식을 팔 수는 없습니다……."

그렇게 해서 우리 회사와 SBI홀딩스의 주식지분율은 애초 협상했던 것과는 달리 지금의 비율로 조정되었다. 이처럼 나는 초심을 끝까지 지키느라 하마터면 거액의 투자 유치 기회를 놓칠 뻔했지만, 뜻밖의 행운으로 마지막에는 좋은 발전을 이끌어낼 수 있었다.

눈앞의 이득을 포기하자
더 많은 것이 따라왔다

—

회사를 오랫동안 운영하기 위해서는 금융과 자본시장의 지원이 반드시 필요하다. 나는 목표가 뚜렷했기 때문에 수많은 좌절 속에서도 언제나 해결 방안을 찾아냈다. 가령 2022년 초 투자은행의 아시아 담당 부서와 투자 관련 협상이 잘 이루어지지 않자 나는 미국의 본사로 가서 다시 투자 협상을 진행해야 했다. 관련 서류나 절차를 다시 밟아야 했지만 다른 사람들과는 달리 그런 시련에 좌절하지 않았다. 오히려 더 열심히 해결 방법을 찾아 나섰다.

나는 오로지 목표만을 바라보며 전진해온 사람이다. 내 미래에 대한 계획도 이미 머릿속에 완벽하게 세워져 있기에 그저 실행하기만 하면 된다.

이 책의 공저자로 참여할 즈음 우리는 미국의 SPAC 회사와 협상을 끝내고 본격적인 협력을 진행하려는 상태였다. 이 협력으로 우리는 미국의 나스닥에 상장한다는 목표에 한 걸음 더 다가설 수 있게 되었다. 바로 눈앞에 성공이 보였지만 나는 최종적으로 100억 위안 규모의 투자 협력안을 포기했다.

그렇다면 거액의 투자금을 포기한 이유가 무엇이었을까? 나의 이 경험이 독자들과 창업가들에게 작은 힘이 되었으면 하는 바람이다.

우리는 인생을 살아가면서 돈을 포함한 수많은 중요한 결정을 하게 된다. 그럴 때마다 마땅히 중요한 것과 중요하지 않은 것, 그리고 이해득실을 신중하게 판별하고, 다방면의 정보를 수집해야 한다. 나는 진심으로 나를 지지해주는 친구들에게 조언을 구한다. 이를 통해서 내 계획의 맹점이나 불필요한 집착을 떨쳐낸다.

때로는 초심이 대단히 중요할 때도 있다. SBI홀딩스의 초기 투자안을 거절한 것도 회사의 정책 결정권을 잃고 싶지 않았기 때문이다.

지금 돌이켜보면 참으로 옳은 결정이었다. 단기적인 관점에서 봤을 때는 회사의 자금이 늘어나고 큰 성공을 거둔 것처럼 보일 수 있지만, 장기적으로 봤을 때는 회사의 주도권과

향후 협상에서 유리한 패를 잃는 것이기 때문이다.

눈앞의 이익에 급급하지 않고 항상 장기적인 미래를 생각한다면 현명한 결정을 내릴 수 있다. 나 역시 10억 위안의 투자를 거절했기에 회사의 가장 중요한 결정권을 지킬 수 있었다.

100억 위안의 투자안을 거절한 것도 마찬가지다. 내가 내리는 모든 결정은 단 한 번도 '돈'을 출발점으로 삼지 않았다. 장기적인 관점에서 가장 좋은 결정이 아니라면 그것은 좋은 결정이 아니다.

결정을 내릴 때는
돈을 기준으로 삼지 말라

—

자본시장은 2022년 초 러시아와 우크라이나 전쟁이 발발하면서 계속 침체일로에 있다. 이어서 가상화폐 루나가 폭락하고, 암호화폐 거래소 FTX가 파산하면서 연쇄적으로 여러 블록체인 기업들도 도산하게 되어 전체 블록체인 산업 관련 주식 거래가 중단되었다.

이런 상황에서 회사를 상장시킨다면 시장은 우리 아오딩딩 그룹의 진가를 제대로 판단하지 못할 가능성이 컸다. 이것은 지금까지 우리 회사가 주식시장에 상장한다는 대외 공표를 하지 않은 이유이기도 하다. 나는 SPAC 회사와의 협의를 포기할지언정 회사와 직원들의 향후 10년의 발전을 기준으로 삼아

적절한 시기에 상장을 추진할 것이다.

사실 이것은 결코 간단한 결정이 아니다. 나 개인의 힘으로 회사에 필요한 자본을 충당해야 한다는 의미이기 때문이다. 하지만 이것 역시 장기적으로 옳은 결정일 것이다. 우리는 회사의 자유로운 발전과 미래 가능성에 필요한 협상의 패를 쥐고 있으니 말이다.

어쩌면 외부 사람들은 내가 추진하는 사업이 모두 순조롭다고 여길지도 모른다. 하지만 사실상 회사가 클수록 우리가 직면하는 도전의 규모도 커지기 마련이다. 하나의 결정으로 단기간에 많은 자본을 유치하거나 혹은 자금난에 시달릴 수 있다. 하지만 내가 분명하게 말할 수 있는 것은, 언젠가 나중에 자신이 걸어온 길을 돌아본다면, 돈을 기준으로 뭔가를 결정하는 것은 결코 좋은 방법이 아니다.

2022년도 역시 내가 많은 성장을 거둔 한 해였다. 전 세계적으로 혹독한 불경기를 겪고 있는 가운데 나는 수많은 추악한 인성을 보았고, 또 자본시장의 이기주의를 경험하면서 큰 깨달음을 얻었다. 이 한 해 동안 투자자가 협약을 지키지 않았고, 또 거래처에서 악의적으로 상품의 값을 깎는 일도 있었다. 경기가 좋아서 돈을 잘 벌 때는 인간성이 좋은지 나쁜지를 제대로 판별할 수 없다. 그러나 불경기에 처하게 되면 인간성이 적나라하게 드러나는 법이다.

가장 나다웠던 인생의 한 페이지

이처럼 다양한 경험을 하면서도 내 신념은 변함이 없다. 뭔가를 결정할 때는 돈이라는 요소를 배제하는 것이 장기적으로 결과가 좋다. 그 밖에 남들이 나를 어떻게 대하든, 혹은 어떤 평가를 하든 거기에 시간과 에너지를 낭비할 필요 없다.

무릇 좋은 일이 있으면 나쁜 일도 있는 것이 세상의 이치다. 일단 나쁜 일을 겪고 나면 그 뒤에 좋은 일이 생기기 마련이다. 그러므로 우리는 긍정적인 일에 모든 신경을 집중해야 한다.

나의 꿈을 지키는
10가지 법칙

—

1. 결말은 생각하지 말고 절대 포기하지 않겠다는 생각만 하라

처음부터 결과가 좋을지 나쁠지를 미리 예단하지 말라. 목표를 쟁취하는 과정에서 절대 포기라는 말을 꺼내서는 안 된다. 인생길에서 만나는 모든 사람들이 당신과 의기투합하거나 혹은 당신의 신념을 이해해주지 않는다. 때로는 주변 사람들의 의심과 비판에 직면할 수 있다. 이때는 성급하게 감정적으로 대응하거나 변명을 늘어놓으려고 하지 말라. 먼저 냉정하게 자신의 목표에 문제점이 없는지 살펴보라.

당신의 목표에 문제없다는 확신이 생기면 남들의 비판에 귀기울일 필요 없다. 예컨대 10년 혹은 20년의 시간이 지나고 나서 지금을 되돌아보면 당신에게 쏟아진 비판이 얼마나 터무니없는지를 알 수 있다. 아마 3년도 되지 않아 이런 비판들을 새까맣게 잊을 것이다.

마찬가지로 나는 장기적인 관점에서 미래를 바라보며 사업을 일궈왔다. 물론 내가 추진한 일들이 모두 옳은 것도 아니었고, 직원을 잘못 채용한 적도 있으며, 여러 차례 사업 실패도 겪었다. 하지만 목표만 명확하다면 자신에 대한 믿음과 신념을 끝까지 지켜나가야 한다. 단기적인 좌절이나 실패에 절대 포기해서는 안 된다. 한 걸음 한 걸음 앞으로 나아간다면 언젠가는 당신이 쏟아부은 노력의 대가를 얻게 될 것이다.

2. '반드시 해결할 수 있다'고 믿어라

나는 단 한 번도 내가 남보다 똑똑하다고 생각해본 적이 없다. 그저 모든 일은 결국 해결 방법이 있다고 믿을 뿐이다. 그저 끊임없이 도전하고, 과학적이고 합리적인 방안을 찾아내고, 또 남의 마음을 잘 헤아릴 줄 안다면 그 어떤 난관도 헤쳐나갈 수 있다고 말이다.

이러한 신념은 언제나 통했다. 예컨대 한 번은 숙박업주와 고객 간에 분쟁이 발생한 적이 있다. 숙박업주는 고객이 예약을 어겼기 때문에 환불해줄 수 없다는 입장이었다. 그런데 알고 보니 그 고객은 자신이 직접 숙박업소를 예약한 것이 아니라 누군가로부터 신용카드를 도용당했던 것이다. 따지고 보면 도용된 카드는 숙박업주의 책임도 아니고 고객의 책임도 아니다. 나는 양쪽의 마음을 충분히 헤아린 다음 숙박업주에게 이런 제안을 했다.

"그럼 우리가 절반씩 배상하도록 하죠. 나도 당신에게 돈을 받았고, 당신도 고객에게 돈을 받았지만, 절반씩 손해 보는 셈 치죠. 대신 두 달 동안 무료로 저희 시스템을 이용할 수 있는 편의를 제공해드리겠습니다."

그렇게 해서 모두에게 만족스러운 해결책을 마련해주었다.

블록체인으로 문제를 해결하듯이 우리의 책임은 가장 좋은 방법을 찾아내서 인류 발전을 도모하는 것이다. 나는 남들과 협력하거나 그들의 문제점을 해결해주면서 목표를 향해 점점 다가갈 수 있었다.

솔직히 말해서, 지금 내가 하는 일들은 전체 인류 역사의 발전에서 본다면 그야말로 모래알에 불과하다. 라이트 형제가 비행기를 발명한 것을 난이도 9점으로 매긴다면, 내가 블록체인 기술로 전 세계 금융결제 시스템을 변화시키려는 목표는 7점 정도 매길 수 있을 것이다.

블록체인 기술은 과학적으로 문제를 해결하는 방법이다. 우리가 해결책을 찾는 데 있어서 과학기술은 매우 중요하다. 끊임없이 시도하고 도전한다면 반드시 해결할 수 있다.

3. 상상한 것을 구체화해라

미래 세계의 금융결제 시스템은 이미 내 머릿속에 세워져 있다. 남은 것은 행동으로 옮기는 것이다. 다양한 관점과 방식으로 그 목표를 구체화해서 내가 상상하던 모습 그대로 구현해나갈 것이다.

전 세계적인 관점에서 보면 우리가 하는 일은 극히 하찮지만 사회에 새로운 개혁을 가져다줄 수 있다. 그러므로 지금 내가 하는 일을 항상 미래의 관점에서 살펴봐야 한다. 가령 해외 송금을 할 때 과거에는 하루 이틀이 지나서야 입금되었다. 하지만 지금 우리가 하려고 하는 일은 저렴한 수수료로 단 몇 분 이내에 해외 송금을 하는 것이다.

나는 5년 전에 미리 구상했다가 시기가 성숙했다고 판단될 때 획기적인 상품을 내놓는다. 가령 2017년 우리의 숙박 예약 사이트는 제로(0)에서 시작했다. 하지만 2022년에 이르러서는 달러로 아홉 자릿수의 실적을 거두었다. 이런 결과를 얻기까지 4년의 시간이 소요되었다. 마찬가지로 우리 회사의 엔지니어들은 국제결제 시스템 개발에 2년째 노력을 기울이고 있으며, 조금씩 그 성과가 드러나고 있다.

하나의 목표를 완성한 뒤에 나는 다시금 냉정하게 스스로에게 묻는다. "이제 다음은?" 현재 우리는 금융 시스템에 5.10% 정도 영향력을 발휘하고 있다. 이미 어느 정도 성과를 거둔 것 같지만 아직도 부족하다는 생각이 든다. 나는 좀 더 난이도가 있는 사업에 도전하고 싶다. 예를 들면 새로운 에너지원 개발, 항공우주과학기술 분야, 글로벌 GDS 항공권 예약 발권 시스템 등에 관심이 있다.

창업의 길을 걸어오면서 내가 한 가지 철두철미하게 지킨 것이 있다. 그것은 바로 실제적이어야 한다는 점이다. 말로만 떠드는 허튼소리로 끝나서는 안 된다. 내 모든 '설정'은 수학적 계산과 확률에 근거하고 있다. 그것들은 일정한 연구 과정과 확실한 근거 자료를 갖추고 있다. 나는 순서대로 이 모든 준비를 갖춘 뒤에야 비로소 사람들에게 내 계획을 알린다. 바로 이러한 실제성과 구체성을 지니고 있기에 내가 결정한 일은 항상 현실적인 결과물로 나타난다.

4. 나 자신에게 성실해야만 발전을 이룰 수 있다

가장 중요한 것은 자기가 좋아하는 일에 충실해야 한다는 점이다. 인생의 대부분을 그 일에 집중해야 한다. 열정은 있는데 돈을 벌지 못한다면 방법이 잘못됐기 때문이다.

안타깝게도 우리 주변에는 자신의 실패를 불공정한 사회 탓으로 돌리는 이들이 많다. 하지만 사실상 자신의 목표에 모든 것을 던지지 않았거나 혹은 시장을 제대로 분석하지 못했기 때문이다. 자신이 생각하는 '시장 가치'와 현실은 엄연히 다르다. 자신의 '시장 가치'를 스스로 증명해 보여야 한다.

NBA 농구 선수 스테판 커리는 능력을 제대로 인정받지 못하고 숱한 실패를 겪은 뒤에야 연봉 3천만 달러가 넘는 농구 스타로 우뚝 섰다. 가령 대만의 농구 선수가 미국에 진출한다고 가정해보자. 체력이나 기술 면에서 매우 뛰어나더라도 영어 실력이 뒤떨어진다면 코치가 설명하는 전술을 이해할 수 없다. 이때 필요한 것은 뛰어난 운동 실력보다 언어 소통 능력이다.

우리 회사가 꾸준히 발전을 이룰 수 있는 것은 나 자신의 여러 가지 단점들을 성실하게 살피고 고쳐나갔기 때문이다. 나는 기존의 지식에만 안주하지 않고 꾸준히 부족한 점을 채우며 계속해서 발전시켜 나간다. 나는 자기최면에 빠지지도 않을뿐더러 실패나 좌절 앞에서 남 탓 혹은 세상 탓도 하지 않는다. 나 자신에게 성실해야만 발전을 이룰 수 있다는 점을 잊어서는 안 된다.

국내 유수의 명문 대학을 졸업한 사람들은 자신이 매우 우수하다고 자부하는데, 사실 그런 사람들에게는 발전을 기대할 수 없다. "뛰는 놈 위에 나는 놈 있다"라는 속담도 있지 않은가? 구글에 다니는 직원들은 모두 하나같이 뛰어난 영재들이다. 아무나 붙잡고 물어보면 하나같이 하버드대학, 스탠퍼드대학 출신이다.

당신이 우수한 실력을 자랑하던 과거의 기억에만 머무른다면 인생의 실패를 피할 수 없다. 그래서 나는 항상 겸손하고 성실하게 행동하려고 한다. "나는 명문 중고등학교 출신이다", "우리나라 최고의 국립대를 나왔다" 등의 사회적 후광 속에 나를 박제시키지 않는다.

그저 "방금 내가 한 일에 실수는 없었는가?"라는 질문만 한다. 실수가 있었다면 서둘러 보완하거나 다음번에는 그런 실수를 하지 않도록 조정한다. 물론 그러기 위해서는 당신이 하는 일에 열중해야 한다. 열정이 있어야만 단점을 찾아내고 고쳐서 목표를 이룰 수 있다.

5. 행복은 돈으로 살 수 없다

나에게 인생의 의미는 돈이 아니다. 돈은 그저 은행에 쌓아놓는 것일 뿐이다. 돈이 행복하게 해주는 것은 은행뿐이며, 당신은 물론 당신 가족도 아니다. 때로는 돈을 나 자신보다 다른 사람을 위해 쓸 때 더 큰 행복을 느낀다. 나 역시 아이를 위해 돈을 쓸 때 행복하다. 아이와 함께 캠핑하러 다니거나 후원하고 있는 시골의 아이들을 초대해 영화를 관람시키고 팝콘을 사줄 때도 큰 행복을 느낀다.

사람이 살아가는 데 필수적으로 드는 비용은 한정되어 있다. 나에게는 흥미로운 일을 찾아내고, 전 세계 사람들과 소통하는 것이야말로 돈보다 더 큰 의미가 있다. 특히 자본주의의 본질을 파악한 뒤로 돈은 적당한 분배가 필요하다고 생각한다.

최근 수년 동안 우리 회사는 고교 야구팀, 시골 학교, 식물은행 등을 후원하고 있다. 학교에는 운동용품, 간식, 책, 문구 등을 기부하고 있다. 이러한 후원이나 기부 활동만으로는 부족한 느낌이 들어서 보다 체계적인 후원 시스템을 구상하고 있다. 우리 회사의 능력 범위 안에서 체계적인 시스템을 통해 교육과 음식을 필요로 하는 불우한 아이들에게 충분한 자원을 지원해주고 싶다.

혹은 기업의 영향력을 통해 세계의 사회계층 제도를 재설계하는 것도 내가 추구하는 '자아실현'의 목표 가운데 하나이다. 내가 창조한 것들이 기업과 사회에 소중한 가치를 만들어내는 데 주력한다. 그렇게 해서 얻는 성취감은 돈을 버는 것보다 더 큰 원동력이 된다.

6. 쓰레기를 모으느니 행복을 쌓는 것이 낫다

일본 소프트뱅크의 창립자 손정의 회장은 최강의 낙관주의자이다. 나 역시 일하는 데 있어서 낙관주의적인 태도가 필수라고 생각한다. '낙관주의'는 실행하기도 전에 부정적인 예단을 하지 않는다거나 혹은 매사에 아무런 계획 없이 무턱대고 실행부터 하는 것을 의미하지 않는다. 그저 담담하게 긍정적으로 바라보는 것이다. 인생에서도 나쁜 일이 생기기 마련이고, 실패를 맞닥뜨리기 일쑤다. 하지만 아직 일어나지 않은 일에 대해 미리 겁먹거나 실패를 생각해서는 안 된다.

게다가 실패는 그저 일시적인 것에 불과하다. 실패가 뭐가 대수이겠는가? 정말 실패가 눈앞에 놓여 있다면 담담하게 받아들이면 된다.

나는 지금 성공을 거두었기에 낙관적인 사람으로 변한 것이 아니다. 남들이 생각하는 것처럼 하는 일마다 순조롭게 풀린 것도 아니다. 생각해보라. 회사를 창업하고 이끌어가면서 어떻게 단 한 번의 좌절이나 시련도 겪지 않을 수 있겠는가? 나는 살아오면서 겪은 실패와 좌절들을 신물이 날 정도로 되짚어봤다.

실패의 원인을 찾아서 고치는 것이야말로 내가 해야 할 일이다. 일어날 일은 반드시 일어나기 마련이다. 시련이 닥쳤을 때는 당황하거나 실의에 빠지거나 혹은 비관적으로 생각해서는 안 된다. 그저 노력할 뿐이다. 옳은 일이라면 하늘도 당신에게 도움의 손길을 내밀 것이다.

우리의 두뇌 용적은 한계가 있다. 그래서 나는 비관적인 예단 따위는 하지 않는다. 내 뇌세포를 슬픔이나 불쾌한 일에 낭비하고 싶지 않기 때문이다.

7. 자신에게 두 번째 기회를 주어라

누구에게나 인생에서 두 번의 기회가 찾아온다. 첫 번째는 태어난 가정이다. 그것은 '하늘이 당신에게 준' 기회이다. 두 번째는 '당신이 자신에게 주는' 기회이다.

이른바 '금수저'로 칭하는 첫 번째 기회야말로 막강하다고 여기는 사람들이 많다. 하지만 결과적으로 봤을 때 모든 기회는 비슷하다. 좋은 환경과 조건에서 태어났지만 후반부 인생에서 실패와 좌절을 겪는 사람들이 있다. 반대로 불우한 환경에서 태어났지만 후천적인 노력으로 인생의 성공을 거두는 사람도 있다.

그러므로 타고난 조건이나 환경이 좋지 않다고 인생을 포기해서는 안 된다. 사람은 누구나 자신의 운명을 바꿀 기회를 얻는다. 후천적인 노력을 통해 인생의 성공을 거둘 수 있다는 말이다.

자신감은 부유한 가정에서 태어나거나 혹은 불우한 가정에서 태어난 것과는 아무런 관련이 없다. 자신감은 후천적인 노력을 통해 기를 수 있다. 나는 지금도 나 자신에게 이렇게 말한다.

"나를 믿어라. 나를 위한 일에 최선을 다하자. 부정적인 생각은 버리고 무조건 긍정적으로 바라보자."

이러한 신념은 천성적으로 갖고 있던 것이 아니라 후천적인 노력으로 얻은 것이다. 하늘이 나에게 첫 번째 기회를 주지 않았다면, 자신의 힘으로 두 번째 기회를 만들면 된다.

8. 출신 배경은 당신의 인생을 결정짓지 못한다

가끔 자신은 금수저 출신이 아니라서 꿈조차 꿀 수 없다고 푸념하는 사람들이 있다. 물론 우리 힘으로 출신 배경을 바꿀 수는 없다. 하지만 '어떻게 인생을 살아가야 하는지'는 자신의 손에 달렸다.

우리가 성장한 가정은 여느 재벌 2세들처럼 사회적 성공을 거두기까지 걸리는 시간을 20년 정도 단축해주지는 못할 것이다. 그러나 스물다섯의 어린 나이에 거대한 유산을 물려받은 재벌 2세와 흙수저 출신으로 오롯이 자신의 노력을 통해 마흔다섯에 성공을 거둔 창업가 사이에는, 그저 시간차만 있는 것이 아니다. 그들이 누리는 성취감은 그야말로 하늘과 땅만큼의 차이가 있다.

자신의 노력으로 얻은 성취감은 유복한 가정에서 풍족한 생활을 누리는 이들이 느끼는 것보다 절대적으로 크다. 한편으로 평범한 가정에서 자랐기 때문에 실패나 좌절을 비교적 쉽게 헤쳐나갈 수 있다. 자원이 부족한 환경에서는 절약 정신을 익히고 가혹한 조건에서도 살아가는 방법을 터득할 수 있다.

우리는 누구나 성공을 거둘 수 있다. 다만 약간의 시간차가 있을 뿐이다. 그러므로 부정적으로 판단하거나 노력조차 기울이지 않고 포기해서는 안 된다. 당신의 출신 배경이 당신의 인생을 결정하지 않는다. 자신의 인생은 자신의 손안에 있다는 사실을 명심하라!

9. 죽음 앞에서는 좌절이나 실패도 그저 하찮은 것에 불과하다

2년 전 건강검진에서 희귀암에 걸렸을 가능성이 있다는 진단을 받았다. 사실이라면 나에게는 엄청난 리스크였다. 의사였던 친구가 내게 말했다. "대만에서 이런 암 수술을 할 수 있는 의사는 매우 드물어." 그 친구의 말을 듣고 나는 속으로 이렇게 외쳤다. '제발, 위로 좀 해주면 안 되나!' 일순간 나는 공황 상태에 빠지고 말았다. 불치병이라면 어떻게 하지? 아이도 아직 어린데, 회사의 직원들은 또…….

다행히 나는 비교적 낙관적인 사람이었다. 나는 자신에게 이렇게 말했다. '이왕 죽음을 맞이해야 한다면 주변 사람들이 혼란에 빠지지 않도록 뒤처리를 잘해야겠다.' 그래서 회사 매각 방안, 유산 분배 등 차근차근 계획을 세웠다. 그로부터 3개월 뒤 정밀검진 결과가 나왔는데, 오진이었다.

이 일을 계기로 나는 인생에 대해 다시금 진지하게 생각하게 되었다. 지금 또다시 사업 실패나 좌절을 겪더라도 죽음에 비하면 아무것도 아니다. 그저 살아 있다는 것만으로도 큰 축복을 누리는 것이다. 그러므로 살아 있는 동안은 자신이 하고 싶은 일에 온 힘을 쏟아부어야 한다.

10. 틀을 깨고 나와 과감하게 도전하라

한때 사람들이 나에게 이런 의문을 표시한 적이 있다. 대만 최고의 국립대학을 졸업하고, 또 미국에서 석사학위까지 받은 사람이 어떻게 평범한 직장 생활을 하느냐고? 직장 생활이 뭐 어떻단 말인가? 나는 먼저 내 생활을 꾸려나갈 수 있는 경제적 자립이 필요했다. 그래야만 내가 하고 싶은 일을 할 수 있지 않겠는가? 직장 생활은 그저 하나의 과정일 뿐이다.

대만은 사회 곳곳에 보이지 않는 틀이 있다. 예컨대 내가 처음 창업할 당시 외할아버지는 나를 '백수'라고 불렀다. 온종일 하는 일 없이 빈둥거린다고 생각하신 것이다. 하지만 나는 자신에게 부끄럽지만 않으면 된다고 생각했다.

이처럼 나를 가둬놓는 틀이 없었기에 용기를 가지고 실천할 수 있었는지도 모른다. 하물며 내가 도전하고 시도했던 일들은 모두 내 전공인 테크놀로지와 소프트웨어 분야였으니 말이다.

내가 하고자 하는 것을 실천하는 과정에서 어쩌면 가족, 주변 사람들의 이해와 지지를 못 받을 수도 있다. 가령 내가 결혼할 당시 주변 사람들은 한결같이 먼저 신혼집을 장만해놔야 한다고 말했다. 하지만 내가 저축하는 돈은 나중에 창업에 쓸 밑천이었다. 타이베이의 집값이 수백만 위안으로 해결되는 것도 아니지 않은가?

그 때문에 나는 창업하고 10년이 지나서야 내 인생의 첫 집을 장만했다. 당시 창업을 위한 기초를 잘 닦아놓은 덕분에 코로나바이러스 감염증이 전 세계를 강타하면서 기업들이 대대적인 감원을 단행할 때도 별다른 문제 없이 헤쳐나갈 수 있었다.

그러므로 기존의 문법이라는 틀에 얽매이지 말라. 당신의 목표만 명확하다면, 자신에게 부끄럽지 않은 일이라면, 인생을 걸고 도전할 필요가 있다.

당신이 원하는 일을 위해 노력하라. 주변 사람들이 백수라고 오해하더라도 자신의 사명과 이상을 위해서라면 하찮은 아르바이트를 해도 좋다. 나는 어린 시절 바닷가 작은 마을에서 자란 것을 감사하게 여긴다. 먹거리가 부족했던 생활 덕분에 음식의 소중함을 알게 되었기 때문이다. 창업할 때만 해도 하루에 겨우 한 끼만 햄버거로 때운 적도 있었다.

물론 인생은 자기 뜻대로 이루어지지 않는다. 아마 우리 힘으로 장악할 수 있는 부분은 절반밖에 되지 않을 것이다. 이 세상에는 내가 통제할 수 없는 일들이 너무도 많다. 그러나 우리 자신이 통제할 수 있는 범위 내에서는 최선을 다해 노력해야 한다.

동시에 결과가 뜻대로 이루어지지 않을 때 억지로 구하려해서도 안 된다. 특히 어느 정도 연륜이 쌓이다 보면 수많은 성공과 실패가 당신의 능력과는 관계없다는 사실을 발견할 수 있다.

우리가 통제할 수 있는 일들은 한계가 있기에 하늘이 주는 행운에 항상 감사해야 한다. 또한 살면서 좋은 사람들과 좋은 친구들을 만나서 도움을 받을 수 있다는 것에 감사해야 한다.

이런 생각을 품고 있다면 인생에서 좌절이나 실패를 겪어도 '좋은 아이디어인데 왜 나를 거부하지?'라고 세상을 원망하지 않는다. 대신 '진가를 몰라보는 저 사람들이 손해지!'라고 호탕하게 지나칠 수 있다.

가장 나다웠던 순간을
떠올리고 기록해보자

인생을 살아오면서 가장 후회 없는 선택을 했거나
가장 자신 있게 행동했던 순간들을 적어보자.

....

....

....

....

....

....

....

....

....

나의 갈망

뭇 사람들에게 주목받고 싶다

▼

나의 곤경

남들이 원하는 완벽한 모습은 내가 아니다

▼

나의 신념

있는 그대로의 나를 받아들이고
자신감을 펼쳐 보여라

항상 부족하다고
느끼는 당신을 위해

—

"내 안의 또 다른 나도
순순히 받아들일
필요가 있다."

자넷
TV 진행자, 배우, 작가

한 번의 실수로
세상이 무너지지 않는다

—

어린 시절 내 생활의 중심은 바이올린이었다. 나는 바이올린을 통해 많은 즐거움을 누리고 또 인정받았다. 특히 연주회에 참가할 때는 겸사겸사 예쁜 공주처럼 꾸미기도 하고, 또 여행도 즐길 수 있어서 좋았다. 바이올린 연주 실력이 비교적 좋았던 나는 많은 사람들의 주목을 받았고, 미국 백악관과 유럽에서도 공연했다. 바이올린 덕분에 다양한 무대를 경험하고, 또 세상을 바라보는 안목도 키웠다.

이처럼 나는 많은 사람들의 관심과 주목을 받았고, 또 오케스트라 단원들 속에서 두각을 나타내는 것이 즐거웠다. 가까운 미래에 분명 오케스트라 수석 연주자 혹은 유명 바이올리니스트가 될 거라고 믿어 의심치 않았다.

열세 살 무렵, 나는 그레이터 휴스턴 유스 오케스트라(Greater Houston Youth Orchestra)의 제1 바이올린 단원을 모집하는 오디션에 참가했다. 휴스턴에서 내로라하는 최고 실력을 가진 연주자들로 이뤄진 오케스트라였다. 오디션을 치르기 위해 나는 장장 1년 동안 차이콥스키의 〈바이올린 협주곡 D장조〉를 손가락이 부르트도록 연습했다. 내가 가장 좋아하는 곡인 데다 스스로도 연습량에 만족한 터였다. 연주곡의 난이도도 오케스트라의 개성에 잘 맞았기에 뜻밖의 일이 일어날 거라고는 생각조차 하지 못했다. 사실 그 일은 지금까지 잊지 못할 정도로 나에게 큰 영향을 미쳤다.

그날 오디션 현장에는 작은 무대가 마련되어 있었다. 무대 한쪽에는 반주를 위한 피아노가 놓여 있었고, 오디션 참가자는 무대 중앙에서 연주해야 했다. 무대 아래에는 서너 명의 심사위원들이 앉아 있었다. 처음에는 특별히 긴장하거나 떨지도 않았다. 내 차례가 되어 무대 위에 올라가 자세를 잡고 악보를 보면대에 올려놓는데, 그 순간 무대 아래서 한 심사위원의 목소리가 들려왔다. "미안하지만, 악보는 암기해야 합니다. 악보를 볼 수 없어요."

순간 나는 온몸이 얼어붙은 것처럼 굳어버리고 말았다. 그러자 잠시 뒤 심사위원이 아마도 소통상에 문제가 있었던 것 같다며 악보를 암기할 시간을 30분 추가로 주었다.

나는 재빨리 무대에서 내려가 피아노 반주자와 함께 옆의 대기실로 갔다. 30분은 악보를 보지 않고 처음부터 끝까지 딱 한 번 연주 연습을 할 수 있는 시간이었다. 그날 대기실에서의 연주는 내 평생 최고의 연주라고 할 수 있을 정도로 완벽에 가까웠다. 대기실 앞을 지나가던 사람들조차 머리를 들이밀고 칭찬을 쏟아낼 정도였다. 자신감이 수직으로 상승한 나는 곧바로 심사위원에게 연주 준비가 끝났다고 말했다.

처음에는 모든 것이 순조로웠다. 하지만 4~5분 정도 지나자마자 나는 갑자기 연주를 멈추고 말았다. 왜 그랬는지 나 자신도 모른다. 심지어 연주에 실수한 것도 아니었는데. 그날 피아노 반주자는 나와 오랜 시간 함께 연주해왔던 터라 평소 찰떡 같은 호흡을 자랑했다. 그래서인지 내가 연주를 멈추자 반주자도 덩달아 멈췄다.

우리 두 사람은 순간 무대 위에서 멍하니 얼어붙고 말았다. 잠시 뒤 정신을 차린 나는 반주자에게 중간 부분부터 다시 시작하자고 반주를 요청했다. 이어진 연주도 처음에는 순조롭게 진행되었지만 이내 또다시 갑자기 멈추고 말았다. 이번에도 역시 내가 왜 연주를 멈췄는지 나 자신도 알 수 없었다. 나는 차츰 당황하기 시작했다.

나는 다시금 바이올린을 집어 들었지만 연주하다 멈추기를 계속 반복했다. 내 연주가 어떤지도 알 수 없었다. 다만 연주가 채 끝나기도 전에 오디션 제한 시간을 초과했다는 사실만 깨달았을 뿐이다.

이어서 심사위원들의 심사 평가가 있었다. 3명 중에 두 사람은 매우 친절하게 평가해주었다. 처음에는 연주가 매우 만족스러웠지만 이어진 연주는 비교적 평범했다고 말이다. 오케스트라 지휘자였던 마지막 심사위원은 나와 친분이 두터운 사람이었다. 그날 내가 고개를 들었을 때 그는 진지한 표정으로 나에게 이렇게 물었다.

"자넷, 무슨 일 있어요?"

나는 아무런 대답도 할 수 없었다.

물론 나에게 두 번째 기회는 없었다. 그날 오디션을 망치고 나의 세계가 무너지고 말았다.

심사위원의 "자넷, 무슨 일 있어요?"라는 질문은 그가 내 능력과 발전 가능성을 인정하고 있다는 의미였다. 그렇다. 나는 손에 주어진 기회를 붙잡지 못했다. 그건 내가 규칙을 제대로 숙지하지 못한 탓이었고, 나 스스로 연주를 멈춰버린 탓이었으며, 반주자와 충분한 소통을 하지 않은 탓이었다. 아무튼 나는 그 누구도 원망할 수 없었다. 지난 1년 동안 연습에 연습을 거듭하며 철저한 준비를 했지만, 결국에는 준비 부족으로 오디션을 망치고 말았다.

잔뜩 부풀어 있던 기대와 희망은 나 자신으로 말미암아 산산조각 나고 말았다. 그에 따르는 좌절감은 나 스스로 감당해야 했다. 당시 갓 열세 살이었던 나는 그 좌절과 실패를 어떻게 대해야 할지 도무지 알 수 없었다. 그 일은 불안의 씨앗이 되어 내 마음속에 터를 잡고 말았다. 그리고 매번 내가 꿈을 이루려고 할 때마다, 뭇 사람들의 환대와 주목을 받을 때마다 공포감으로 모습을 드러내며 나에게 어두운 그림자를 드리웠다. 지금까지도.

모두가 선망하는 삶에는
대가가 따른다

—

그러나 다행히 바이올린 오디션에 떨어진 일로 두 번 다시 스포트라이트가 비추는 무대에 못 오를 만큼 겁에 질리지는 않았다. 본래 의대에 진학하려던 나는 스물두 살이 되던 해에 우연히 광고 촬영 기회를 얻었다.

그 일을 계기로 연예계 인사들과 친분을 쌓게 되었고, 뭇 사람들이 선망하는 '꿈같은 생활'을 맛보았다. 광고를 촬영할 때는 내가 중심이 된다. 설령 그 광고의 주인공이 아니더라도 '매우 중요한 존재'인 듯한 느낌을 받는다.

그 시절 연예인 친구들과 함께 놀러 가거나 혹은 식당에 밥을 먹으러 갈 때마다 나는 예전과는 다른 특별대우를 받았다.

거리에서도 사람들이 나를 아는 체하며 사인을 요청하기도 했다. 마치 새로운 세상의 문이 열린 느낌이라고 할까? 점차 '나도 스타가 될 수 있구나'라는 느낌이 들기 시작했다. 일단 그런 소망이 싹트자 이내 그 소망의 포로가 되고 말았다.

비록 그 뒤에 미국으로 돌아가 의대 진학 준비를 했지만, 내 마음은 대만에 있었다. 스타가 되고 싶은 소망의 싹이 여전히 마음속에 자라고 있었기 때문이다. 그저 "얼굴 한번 봅시다"라고 제안해주는 감독이 단 한 명이라도 나타난다면 어떤 핑계를 대서라도 의대를 포기할 수 있었다. 그만큼 유명 스타가 되고 싶은 마음이 간절했다.

설상가상으로 의대 진학은 내가 진심으로 원하던 것이 아니었다. 물론 내가 꿈에 그리던 학교에 합격했더라면 의대 진학을 포기하지 않았을 것이다. 또한 나에게 광고 촬영을 제안하는 감독이 없었다면 나는 아마 계획대로 의대에 진학했을 것이다.

의대 진학을 포기하기까지 긴 시간의 협상 과정이 필요했다. 먼저 나 자신을 설득해야 했고, 그다음에는 부모님을 설득해야 했다. 설령 의대 진학을 포기해도 내 미래는 큰 문제가 없을 것이라는 확신을 심어줘야 했다.

그런데 부모님을 설득하는 데는 상당한 고뇌가 따랐다. 부모님에게 큰 빚을 진 것도, 또 부모님이 완고하게 무언가를 강요하지도 않았지만, 왠지 설명할 수 없는 부채감이 있었다. 그래서 부모님이 마음의 상처를 입거나 혹은 근심에 휩싸이지 않도록 천천히 이해시키면서 설득해야 했다.

그것은 두려움과 기대감이 교차하는 과정이었다. 이 책을 쓰고 있는 지금의 나는 미국으로 돌아갈 준비를 하고 있지만, 마음속은 두려움과 흥분이 교차하고 있는 것처럼. 무언가 목표 달성의 고지가 눈앞에 다가온 것처럼 말이다.

그러나 당시 내 생각은 너무나 단순했고, 세상을 너무나 쉽게 생각했다. 내가 대만으로 돌아가기만 하면 곧바로 스포트라이트를 한몸에 받는 유명 인사가 될 거라고 믿었다. 당시 내 친구들 몇 명이 이미 스타가 되어 인기를 끌고 있기도 했다. 나도 그들처럼 '아주 쉽게' 스타가 될 줄 알았다. 하지만 막상 대만으로 돌아오고 나서야 깨달았다. 내가 크게 착각하고 있었다는 사실을!

나는 나의 외모가 모델의 표준에 맞지 않는다는 사실을 미처 깨닫지 못했다. 좀 더 마르고 피부색도 좀 더 밝아야 했다. 당시 대만의 모델들은 거의 피골이 상접하다 싶을 만큼 비정상적으로 마른 체형이었다. 반면 나는 일광욕을 즐기는 탓에 피부가 가무잡잡했다. 그뿐만 아니라 먹는 것을 즐겨서 상당히 통통한 편이었다. 그 때문에 모델 활동을 하는 3년 동안 나는 쉬지 않고 다이어트를 해야만 했다.

미국에서는 단 한 번도 다이어트를 한 적이 없었던 내가 갑자기 다이어트에 매달려야 했다. 그것도 단기간에 많은 체중을 줄여야 하는 극단적인 다이어트였다. 신장이 173센티미터에 달했던 내가 체중을 50킬로그램 이하로 줄이는 것은 대단히 어려운 일이었다. 지금 와서 생각해보면 참으로 고통스러운 과정이었다. 물론 운동으로 체중을 줄일 수는 있지만, 피골이 상접할 만큼 극단적으로 마른 모습은 싫었다. 하지만 그 당시 나는 그들의 요구를 따르는 것 외에 달리 방법이 없었다.

원하는 삶을 얻으려면
참아야 할 것들

—

당시 나는 자신에게 이렇게 외치곤 했다.

"지금 내가 성공하지 못한 것은 순전히 뚱뚱하기 때문이야!"

"거리에서 사람들이 나를 못 알아보는 것도 내가 뚱뚱하기 때문이야!"

"나의 중국어가 유창하지 않은 것도 내가 뚱뚱하기 때문이야!"

그 당시 내 머릿속은 온통 내가 뚱뚱하다는 생각밖에 없었다. 내 모든 가치를 '50킬로그램 이하의 몸무게 달성'에 맞췄다.

몸무게가 줄어들거나 늘어날 때마다 내 정서도 시시각각 달라졌다. 본래 나는 먹는 것을 즐겼고, 음식은 내 생활의 중요한 부분을 차지했다. 그런데 하루아침에 음식이 '독약'이자 '적군'이 되고 말았다. 더 심각한 문제는 내가 건강하지 못한 방법으로 다이어트를 하기 시작했다는 점이다. 예컨대 종일 아무것도 먹지 않고 운동만 하거나, 몸의 지방을 빼는 특정 약물을 복용하거나, 고기만 먹는 다이어트를 하는 등 건강을 해치는 방법도 서슴지 않았다.

살이 제법 빠졌다고 생각될 때는 과감한 옷을 입었다. 그럴 때면 마치 내가 세계적인 모델이 된 것 같은 생각이 들었다. 반면 살이 빠지지 않으면 쓸모없는 인간이라고 자신을 괴롭혔다. 그럴 때면 모든 것에 의구심이 들었다. 애초에 나는 왜 의대 진학을 포기했을까? 내가 어리석었던 걸까? 아니면 많이 모자란 사람일까? 이처럼 자신을 괴롭힐 때면 음식은 내 유일한 피난처가 되었다. 음식을 통해 심리적 공허감을 메우려고 했다.

평소에는 배고픔을 참고 또 참다가 더 이상 참을 수 없을 때는 마트에 가서 먹거리를 잔뜩 사 들고 왔다. 그러고는 한편으로는 허겁지겁 음식을 먹어대면서, 또 한편으로는 그런 나 자신을 혐오하며 엉엉 울었다. 그리고 배가 불러 더 이상 먹을 수 없을 지경이 되어도 계속 음식을 입에 쑤셔 넣었다.

극단적인 다이어트를 하는 사람 중에는 음식을 먹고 토하는 방식으로 살을 빼기도 한다. 하지만 나는 도무지 토할 수가 없었다. 손을 입안에 집어넣기도 하고 배탈을 일으키는 음식도 먹어봤지만, 도무지 토할 수가 없었다.

자기를 보호하려는 심리적 방어기제가 발동해서였을까? 매번 음식물이 목구멍까지 치밀어 올라오다가도 다시 내려가곤 했다. 어쩌면 마음속으로 이러한 방법이 매우 나쁘다는 사실을 알고 있었기 때문인지도 모른다. 토하는 것을 반복하면 폭식증에 걸린다는 것을 잘 알고 있었으니까. 먹은 음식을 토하지만 않으면 병도 안 걸리고 아무런 문제도 없을 거라고 여겼다.

하지만 실상은 나 자신을 속이고 있었다. 당시 나는 심리적으로 병에 걸려 있다는 사실을 누구보다 잘 알고 있으면서도 그저 변기를 감싸고 엉엉 울기만 했다. 때로는 살고 싶지 않다는 생각마저 들었다. 그럴 때는 방에 틀어박혀 종일 잠만 잤다.

햇빛을 보는 것조차 싫었다. 물론 오해는 하지 않길 바란다. 당시 나는 자살이나 자해 따위는 생각조차 하지 않았다. 그저 살고 싶지 않다는 생각이 들었을 뿐이다. 살아봤자 내가 할 수 있는 일이 없다는 생각 때문이었다.

어차피 '나는 아무것도 아닌 존재이니까' 그냥 방에 드러누워 있기만 했다. 종일 잠만 자다가 새벽 두세 시쯤 배가 고파서 일어났다. 그러고는 편의점에 가서 먹거리를 한 보따리 사와서 먹곤 했다.

가장 나다웠던 인생의 한 페이지

아무 생각 없이
즐기는 법을 깨달았다

—

하루하루 악순환의 고리가 이어지면서 급기야 나라는 인간이 어떤 사람인지조차 헷갈리게 되었다. 나는 거울을 보는 것도 두려워서 집 안의 거울이란 거울은 모조리 없애버렸다. 그러던 어느 날, 연예인 친구를 만나려고 외출하게 되었다. 물론 그날은 내 기분 상태가 비교적 좋은 날이었다. 그렇지 않았다면 아예 외출조차 하지 않았을 테니까.

그날은 무슨 이유에서인지 파파라치들이 따라붙어 몰래 사진을 찍어댔다. 평소에도 사진을 찍히지 않으려고 몸을 사렸지만, 그날은 도무지 피할 방법이 없었다. 비록 그들이 사진을 찍으려고 한 대상이 내가 아니라 연예인 친구였고, 난 그저 옆에 있는 동행인에 불과했지만.

파파라치들이 찍은 사진이 잡지에 실릴 때만 해도 나는 약간의 기대감이 있었다. 예상외로 내가 멋있게 나올지 모른다는 기대 말이다. 그러나 막상 잡지를 펼쳐보았을 때 나는 그만 무너지고 말았다! 맙소사! 저게 나라고?

사진 속의 내 모습은 나 자신조차 알아볼 수 없는 전혀 다른 사람 같았다. 설령 내가 맞다 하더라도 부정하고 싶었다. 하지만 사진이 거짓말할 리 만무하지 않은가? 사진 속의 낯선 사람은 내가 분명했다. 외면하고 싶은 낯선 나.

얼마 뒤 나는 미국의 집으로 돌아가 부모님과 한 달 정도 같이 생활했다. 사실 매우 괴로운 시간이었다. 나를 아끼고 사랑하는 가족들 그 누구도 나를 일으켜 세울 생각을 하지 않았다. 나의 전반적인 상황에 대해 제대로 이해하지 못했기 때문이다.

특히 부모님은 더더욱 그랬다. 부모님은 그저 대수롭지 않게 여기며 말했다. "그럼 모델 그만두면 되잖아!", "배고파도 네가 참으면 되잖아!" 부모님은 자신들의 말처럼 간단하게 해치울 수 있는 일이라고 여겼다. 언젠가 아버지는 이런 말까지 하셨다. "넌 뭘 그렇게 괴로워하니? 가볍게 여기고 즐거운 생각만 하면 되잖아!"

부모님은 자신들의 말이 전혀 소용없다는 것을 몰랐다. 내가 직면하고 있는 문제가 그처럼 간단하지 않다는 것을 말이다. 게다가 '먹는 일'이 나에게 심각한 장애를 일으키고 있다는 사실을 전혀 이해하지 못했다. 그 전에는 나에게 한 번도 일어난 적이 없었고, 또 부모님도 경험해보지 못한 일이었다.

내가 "안 먹고 싶어도 안 먹을 수가 없어요", "먹는 것을 통제할 수 없어요"라고 아무리 말해도 부모님은 이해하지 못했다. 심지어 나는 폭식증으로 냉장고에 있는 음식이란 음식은 모조리 꺼내 먹게 될까 봐 음식을 만들어놓지 말라고 부탁한 적도 있었다. 하지만 역시 부모님은 이해하지 못했다.

심리상담사는 이런 말을 했다. 내가 음식과의 연결점을 잃어버렸기 때문에 건강하게 음식을 섭취하고 즐기는 방법을 모른다고. 그는 나에게 한 가지 조언을 했다. 달콤한 초콜릿을 입에 넣고 점점 녹는 과정을 즐겨보라고. 나는 내심 반겼다. '좋아! 이참에 마음 놓고 초콜릿을 먹을 수 있겠구나. 너무 잘됐어!'

하지만 내가 초콜릿을 집어 들려고 할 때마다 '두려움'이 엄습했다. '안 돼! 안 돼! 안 돼! 초콜릿을 만져서는 안 돼! 내가 얼마나 힘들게 이런 쓰레기 음식을 끊었는데.' 초콜릿에 감히 손조차 못 대는 자신을 보면서 나는 또다시 닥치는 대로 음식을 먹기 시작했다. 그러고 싶지 않은데, 정말 이런 내가 싫은데……, 설마 또다시 통제력을 잃고 폭식증에 걸리는 걸까?

초콜릿을 집어 들었다가 다시 내려놓고, 또다시 집어 들었다가 내려놓기를 반복할 때마다 흡사 롤러코스터를 타는 것처럼 내 기분도 좋아졌다 나빠졌다 했다. 나는 그저 초콜릿을 먹는 느낌을 즐기려는 것뿐이었는데 말이다.

그렇게 여러 날 망설이던 나는 마침내 초콜릿 한 조각을 입안에 넣었다. 카카오 함유량 90% 이상의 다크 초콜릿이었다. 다른 초콜릿은 너무 달고 지방과 열량이 너무 많을 것 같았다. 사소한 것들 하나하나에도 예민하게 반응하며 겁을 집어먹고 있었다. 열량이 높은 초콜릿을 먹으면 1시간 정도 달리기를 해서라도 반드시 열량을 소모해야 한다는 강박증이 있었다. 하지만 심리상담사는 조건을 달았다.

"아무 생각도 하지 말고 그냥 초콜릿을 먹는 즐거움을 누려 보세요."

심리상담사의 조언대로 초콜릿을 먹는 즐거움을 누리는 일을 한동안 반복하던 어느 날이었다. 그날도 습관적으로 초콜릿 하나를 입에 넣고 있는데, 갑자기 초콜릿의 맛과 질감이 새삼스럽게 느껴졌다. 순간 눈물이 쏟아졌다. 마침내 내가 음식을 먹는 즐거움을 찾게 된 것인가? 나는 한참을 흐느껴 울었다. 그런 즐거움이 금세 사라져버릴 것 같은 두려움 때문이었다. 역시나 초콜릿을 먹을 때의 그 즐거움은 얼마 지나지 않아 신기루처럼 사라지고 말았다.

미국에서 생활하는 동안 나는 이미 건강을 회복했다고 여겼다. 대만에서 모델 일을 포기하고 싶지 않았다. 대만에 도착했을 무렵 내 체중은 55킬로그램으로 줄어든 상태였다. 주변 사람들은 살이 빠진 내 모습을 칭찬했다. 그 때문인지 금방이라도 다시 일을 시작할 수 있을 것 같았다. 그런데 다시 모델 일을 시작하면서 초콜릿이 일깨워줬던 음식에 대한 즐거움이 사라지고 말았다. 이제 초콜릿은 내가 결코 먹어서는 안 되는 적이 되어버렸다.

나는 모든 식사 초대에 "안 돼요", "미안합니다", "그날 약속이 있어요" 등의 이유를 대며 거절했다. 그뿐만 아니라 수시로 나 자신에게 다짐했다. 살이 찌면 안 되니까 절대 음식을 즐겨서는 안 된다고. 그로 말미암아 나는 내내 굶다가 폭식하는 이전의 상태로 되돌아갔다. 그런 생활을 무려 3, 4년이나 지속했다. 오랫동안 참으로 고통스러운 시간을 보냈다.

꿈을 포기하자
새로운 삶이 다가왔다

—

비록 모델로서 내 직업 생활은 안정적이지 못했지만, 다행히 나는 사회생활에서 융통성을 부리는 방법을 터득했다. 모델이라는 직업에 내 모든 희망을 걸지 않은 것이다. 그래서 시간 날 때마다 태국, 베트남, 싱가포르, 홍콩 등을 여행했다.

나는 외국에 머물 때는 몸과 마음이 한결 가볍고 자유롭다가도 대만으로 돌아가면 금세 기분이 우울해지는 것을 깨달았다. 그래서 컨디션이 안 좋을 때마다 국내 곳곳을 돌아다니며 기분 전환을 했다. 화롄(花蓮), 타이둥(臺東), 컨딩(墾丁) 등 유명 관광지를 가거나 등산을 하며 자연을 온몸으로 느꼈다.

그제야 나는 여행하면서 진정한 즐거움과 행복을 느끼는 나 자신을 발견했다. 그건 마치 요가를 배우러 갈 때와 비슷했다. 요가 강습을 받고 오면 나도 모르는 사이 정신이 맑고 상쾌해지는 것처럼 말이다. 혹은 광고 촬영을 끝내고 나면 싱가포르의 언니 집으로 놀러 갈 때처럼 신났다.

나는 스트레스를 줄이기 위해 영어 과외와 바이올린 공연도 시작했다. 외모에 신경 쓰지 않아도 되는 일을 겸하면서 줄곧 '나만 바라보는 일'을 할 필요가 없었다. 더 이상 내 외모의 변화에 연연하지 않았다. 폭식으로 스트레스를 해소하는 일이 점점 줄어들었지만 마음 한구석의 공허감은 어찌할 수 없었다. 그래서 나는 연애를 하기 시작했고, 사랑이 주는 충족감으로 마음의 공허감을 메웠다.

그러나 나는 타인의 사랑을 통해 마음속의 공허감을 없애는 데 지나치게 의존했다. 그래서 나에게 호감을 느끼는 남자를 만나면 온갖 방법을 동원해서 사귀었다. 내 생활의 모든 것을 타인에게 맞춘 것이다.

당시 나는 친분이 있던 프랑스 남자와 사귀게 되었다. 모델을 하기 이전의 나를 잘 알고 있는 사람이었다. 그를 만날 때마다 과거로 돌아간 느낌이 들어서 모든 게 만족스럽고 로맨틱했다. 그래서 나는 그를 '잡아야겠다'는 생각이 들었다. 급기야 나는 프랑스로 거주지까지 옮겼다. '그 사람만 내 곁에 있으면 나는 항상 즐겁고 행복할 거야', '그 사람만 있으면 모델

일 따위는 할 필요 없어'라고 생각하면서.

하지만 그는 온종일 옆에 들러붙어서 떨어지려고 하지 않는 내 모습을 사랑하지 않았다. 1부터 100까지 그에게 의존할수록 우리는 자주 다퉜다. 그가 나를 떠나려고 할 때마다 나는 안간힘을 쓰고 그를 붙잡았다. 그러한 생활은 너무나 고통스러웠다.

우리의 관계가 계속해서 악화되자 또다시 예전의 병이 도졌다. 다시 폭식하기 시작했고 또다시 살이 쪘다. 예전에 나를 괴롭히던 음식과 날씬한 몸매에 대한 집착이 되살아났다. 결국 나는 프랑스로 간 지 6개월 만에 다시 대만으로 돌아왔다.

나의 생활에 문제가 있다는 사실을 알고 있었지만 어떻게 해결해야 할지 알 수 없었다. 이 상황에서 벗어날 방법을 찾아 헤맸다. 그러다 해외 봉사자 모집을 보고 신청했다. 아프리카의 외진 시골로 파견될 수도 있었지만, 그 일이 끝나면 의대 진학 준비를 다시 할 수 있고, 또 사진 찍는 일을 좋아하니까 사진전을 열어볼 수도 있을 거라고 생각했다.

지금 나에게는 몰두할 수 있는 '일'이 필요했고, 그 일이 무엇이든 간에 할 수 있다는 마음이었다. 그래서 나는 주변 사람들에게 작별 인사를 나눴다. 대만은 나에게 맞지 않는 곳이라는 사실을 확실히 깨달았다. 이제 대만의 꿈을 포기해야 할 때라고 말이다.

가장 나다웠던 인생의 한 페이지

모든 것을 포기하자 나는 그 어떤 것에도 얽매이지 않게 되었다. 돈을 모으려고 대만을 떠나기 전까지 들어온 일은 무조건 수락했다. 내 이미지를 신경 쓰느라 거절했던 일까지 흔쾌히 도맡았다. 내가 준비되어 있는지 없는지조차 상관없이 카메라 테스트 기회가 들어오면 망설이지 않고 응했다. 설령 쇼 무대에서 인형처럼 서 있는 일도 마다하지 않았다. 내 목표는 돈을 한 푼이라도 더 버는 것이었기에. 돈을 충분히 모으고 나면 나는 미련 없이 대만을 떠날 작정이었다.

더 이상 잃을 것이 없다는 마음이
자신감을 주었다

—

당시 나는 샤오S(小S)의 영어 과외를 맡고 있었다. 어느 날 나는 샤오S에게 곧 대만을 떠날 계획이라고 말했다. 대만은 나에게 맞지 않는 곳이고, 또 이곳 생활도 내가 진정으로 원하는 것이 아니라고 설명했다. 그러자 샤오S가 대뜸 나에게 물었다.

"그럼 선생님이 진정으로 원하는 생활은 어떤 건데요?"

나는 이렇게 대답했다.

"글쎄 잘 모르겠는데. 그냥 여행하고, 맛난 음식 먹고, 일광욕 즐기는 걸 좋아하는 것만은 확실해."

내 대답에 샤오S가 뜻밖의 말을 했다.

가장 나다웠던 인생의 한 페이지

"쇼의 진행자랑 비슷한 것 같아요!"

"진행자?"

나는 샤오S의 대답에 어리둥절하기만 했다. '진행자'도 일종의 '직업'인가? 연예계에 발을 디디려면 먼저 모델이 되어 인기를 얻고 드라마에 출연해야 한다고 생각했다. 일단 드라마에 출연해서 인지도를 얻으면 스타가 될 수 있다고 말이다. 그런데 진행자는 도대체 어떻게 되는 거지?

어차피 나는 곧 대만을 떠날 예정이었기에 샤오S가 제작자 리징바이(李景白)를 소개해줘도 그저 대수롭지 않게 여겼다. 그러던 어느 날 잔런슝(詹仁雄)이 전화를 걸어 왔다. 친구인 어느 제작자가 나를 카메라 테스트하고 싶어 한다며 1시간 이내에 현장으로 와달라는 내용이었다.

예전의 나였다면 갑작스러운 요구에 1시간 안에 현장으로 달려가는 것은 불가능하다고 거절했을 것이다. 아니 최소한 이렇게 말했을 것이다. "이틀 정도 준비할 시간을 주세요!"라고. 그러고는 그 이틀 동안 밥을 굶고 온종일 운동하면서 체중을 조금 줄인 뒤에야 집을 나섰을 것이다.

하지만 이제는 모든 것을 포기하려고 작정한 상황이었다. 당장 달려가나 나중에 달려가나 무슨 차이가 있단 말인가? 나는 대충 외출복으로 갈아입고 집을 나섰다. 그냥 나가서 가볍게 인사만 하고 올 생각이었다. 카메라 테스트고 뭐고 특별한 관심도 없었기에 자세히 묻지도 않았다.

카메라 테스트에서도 간단히 자기소개를 했다.

"안녕하세요. 저는 키 173센티미터, 체중 53킬로그램의 자넷입니다."

그다음에 제작자의 질문이 쏟아졌다. 국내외 다녀온 여행지가 어디인지, 왜 여행을 좋아하는지 등이었다. 제작자는 5분 분량의 답변을 요구하면서 내게 생각할 시간을 주겠다고 했다. 하지만 나는 상관없다는 듯 이렇게 대답했다.

"지금 대답하죠. 저는 인도에 관해 이야기하고 싶어요. 사실 제가 인도를 엄청 좋아하는데, 그 이유는……."

내 중국어가 유창하든 그렇지 않든 상관없이 나는 한 보따리의 여행 이야기를 늘어놓았다. 중간중간 대만 토속어와 영어를 마구 섞어가면서 말이다. 카메라 테스트를 완전히 무시한 것은 아니었지만, 설령 탈락해도 난 잃을 것이 없었다.

방송국을 떠날 때까지만 해도 나는 도대체 어떤 상황인지 전혀 파악을 못 했다. 그저 리징바이가 엘리베이터 타는 데까지 나를 바래다주면서 잠시 대화를 나눈 것밖에는 아무것도 기억나지 않았다. 나중에야 알게 된 사실인데 당시 제작진은 나에게 관심이 있었다고 한다. 하지만 나는 그저 이들이 대단히 친절하고 신사적이라는 느낌만 받았을 뿐이었다.

그로부터 2주일 뒤 나는 이미 출국하기 위해 항공권도 구매

가장 나다웠던 인생의 한 페이지

했고, 짐도 미국으로 부친 상태였다. 내가 미국으로 돌아가면 온 가족이 함께 이집트로 3주간 여행을 떠날 계획까지 세워 두었다. 그때 리징바이가 다시 전화를 해서 2차 면접을 보라는 소식을 전해줬다. 그리고 최종적으로 나는 진행자에 선정되었고, 그 프로그램이 바로 〈크레이지 타이완(Crazy 瘋臺灣)〉이었다.

제작진이 나에게 그 프로그램의 진행을 맡아달라고 말했을 때 나는 어리둥절해하며 이렇게 물었다.

"그럼 다이어트를 해야 하나요? 피부 미백 시술도 받아야 하나요? 또 뭘 해야 하는지……?"

그때 나는 한 보따리의 질문을 던졌던 것 같다. 분명 그들이 원하는 '조건'이 있을 거라고 여겼는데, 뜻밖에도 내게 돌아온 것은 여태 내가 듣도 보도 못한 대답이었다.

"다이어트할 필요 없어요! 왜 살을 빼려고 해요? 당신은 전혀 뚱뚱하지 않아요." 리징바이의 대답에 나는 멍해지고 말았다. "그, 그럼…… 피부 미백 시술 먼저 받을까요?"라는 물음에, "미백? 미백은 무슨 얼어 죽을! 당신은 야외 촬영의 진행을 맡을 거예요. 그러면 까맣게 탈 수도 있는데 무슨!" 나는 그들의 대답이 믿기지 않았다. 이게 정말이란 말인가?

솔직히 말하면, 촬영 날짜가 다가오자 나는 아무도 모르게 다이어트를 하고, 외출할 때는 선크림을 발라 피부가 타지 않도록 최대한 노력했다. 반면 제작진은 그 어떤 조건도 내세우지 않았을뿐더러 아무런 압박감도 주지 않았다. 마치 나는 '나'이기만 하면 된다는 듯이 말이다.

당시 프로그램 진행은 나에게 완전히 새로운 도전이었다. 나는 날마다 프로그램 진행 멘트를 외우고, 촬영 내용을 숙지하느라 다른 생각을 할 마음의 여유조차 없었다. 식사도 제작진들과 함께 하고, 남들이 먹는 메뉴를 똑같이 먹었다. 물론 내가 특별히 먹고 싶은 음식이 있을 때는 마트에 가서 몽땅 사오기도 했다. 거의 날마다 온종일 촬영했기 때문에 집에 돌아가면 곧바로 잠에 곯아떨어졌다.

뜻밖에도 그러한 작업 환경 덕분에 나는 암담하기만 했던 일상에서 빠져나올 수 있었다. 물론 때때로 우울해지거나 스트레스에 시달릴 때도 있었다. 혹은 프랑스의 남자친구가 연락하면 참새처럼 뛸 듯이 기뻐하다가도 연락이 끊기면 또다시 예전처럼 폭식하며 자신을 괴롭혔다.

그러나 대체로 방송 덕분에 차츰차츰 본래의 나로 돌아갔다. 내 삶의 중심은 더 이상 체중계의 몸무게 숫자가 아니었다. 나 자신을 좀 더 나은 사람으로 발전시키는 것이었다.

비록 나는 지금도 외모에 신경 쓰고 있지만, 예전과 다른 점이 있다. 지금은 오로지 나를 발전시키는 데만 집중하고 있다. 예컨대 내 프로그램 진행이 어땠는지 살피기 위해 녹화 테이

프를 되돌려보며 연구하고 개선점을 찾았다. 이러한 작업은 다이어트와 전혀 다른 차원이었다.

다이어트는 영원히 그 결과를 알 수 없을뿐더러 결코 나를 행복하게 만들어주지 않는다. 〈크레이지 타이완〉 프로그램은 내가 예전의 건강한 모습으로 회복할 수 있는 기회가 되었다. 비록 프로그램 진행자로서 받는 스트레스도 꽤 컸지만, 그 과정은 충분히 즐길 만했다.

'두렵다'고 말하자
용기가 생겨났다

—

이 세상에는 자신을 있는 그대로 직시하지 않고 외면하는 사람들이 너무 많다. 설령 자신의 속마음이 겉으로 드러나는 모습과 다르다는 사실을 잘 알고 있더라도 솔직하게 토로하지 못한다. 자신의 진실한 모습을 감춘 채 타인들 앞에서 전혀 다른 나를 연기한다. 하지만 그런 연기를 오래 할수록 삶의 행복과 즐거움에서 점점 멀어진다. 나 자신이 아니기 때문이다.

다행히 이제 나는 '이게 바로 내 모습이다'라고 솔직하게 인정하고 받아들일 수 있게 되었다. 내가 어떤 사람이고, 내 위치가 어디에 있는지, 내 장단점이 무엇인지 잘 알고 있다. 또한 도전을 좋아하면서도 스트레스에 약하다는 것도 잘 알고

가장 나다웠던 인생의 한 페이지

있다. 좋든 나쁘든 그게 나 자신이고 나의 인생이라고 받아들인다.

어느 정도 시간이 지난 지금에서야 나는 깨달았다. 나는 불편한 환경에서 자극과 도전을 받아야만 자신을 좀 더 이해하고, 더 나아가 다방면에서 자신을 계발할 수 있는 사람이라는 사실을. 이러한 경험은 미래에 대한 기대와 희망을 주는 동시에 매우 고통스럽기도 하다. 하지만 내가 두려워하는 일뿐만 아니라 내 목표에 온전히 몰두할 수 있다.

물론 내 인생의 모든 것이 순풍에 돛 단 듯 잘 풀린다는 뜻은 아니다. 나는 여전히 더 나은 모습으로 거듭나고 싶고, 일상의 스트레스도 끊임없이 나를 괴롭히며, 좌절과 시련에 빠질 때도 있다. 예컨대 언젠가 드라마에서 농구 코치 배역을 맡은 적이 있다. 대사가 너무 많아서 암기하기가 힘들자 내 안의 불안감이 고개를 내밀었다.

제작자가 요구하는 연기를 감당하지 못할 것 같았고, 자칫 그동안 쌓아놓은 방송인 이미지가 망가질지도 모른다는 두려움 때문이었다. 설상가상으로 함께 출연하는 배우들은 한결같이 나보다 젊고 아름다울 뿐만 아니라 연기력도 뛰어났다. 그로 말미암아 나는 또다시 스트레스에 시달리며 무너지고 말았다.

그날도 집에 돌아가자마자 울음을 터트렸다. 그 당시 지금의 남편인 조지와 교제하고 있던 나는 그에게 전화를 걸어 하소연을 늘어놓았다. 하지만 조지는 자포자기에 빠져 괴로워하는 내 모습을 처음 보고는 당황해하며 어떻게 해야 할지를 몰랐다. 그저 "괜찮아", "괜찮아질 거야"라는 말만 반복할 뿐이었다.

하지만 그의 위로가 쏟아질수록 내 울음소리는 거세지기만 했다. 왜냐하면 그의 위로가 아무 소용 없다는 사실을 알고 있기 때문이다. 어쩌면 그는 내가 그저 운수 나쁜 하루를 보냈거나 아니면 생리증후군에 시달리는 것으로 여겼을지 모른다.

하지만 나에게 일어나는 일이 절대 간단하지 않다는 것을 나는 누구보다 잘 알고 있었다. 어쩌면 3년 전의 고통스러운 시간으로 되돌아갈지 모른다는 두려움에 더 크게 울었던 것 같다.

나는 문득 언니를 떠올렸다. 언니는 가족 중에서 지난 수년 동안 내가 어떤 시간을 보냈는지 가장 잘 이해하고 있는 사람이었다. 그래서 언니에게 전화를 걸었지만 거의 자정이 가까운 시간이어서 전화를 받지 않았다. 내가 전화를 끊자마자 곧바로 언니한테 국제전화가 걸려 왔다. 언니는 울먹이는 내 목소리를 듣고 심상찮다는 것을 느꼈는지 이렇게만 말했다.

"나 여기 있어……."

그렇게 10분, 20분이 지나도록 언니는 아무런 말도 하지 않은 채 수화기 너머에서 나를 지켜보며 함께 있어줬다. 그것은 내가 가장 필요로 했던 위로이고 위안이었다. 한참 시간이 지나고 나서야 나는 울다가 웃다가를 반복하며 이렇게 말했다. "통화료…… 엄청 많이 나올 텐데……." 전화를 끊고 나서야 나는 마음의 평온을 되찾았다. 그러고는 그날 겪은 일을 동영상으로 기록했다.

나는 심리적으로 난관에 부딪힐 때마다 심리상담사와 상담하듯이 그날의 일들을 일기처럼 동영상으로 기록했다. 예전에는 나 자신을 들여다보기가 싫었기에 엄두도 낼 수 없는 일이었다. 하지만 어느 정도 마음이 안정되면서 힘들 때마다 내 마음을 기록하기 시작했다.

그때만 해도 내 마음의 기록을 다른 사람들에게 보여줄 거라고는 꿈에도 생각하지 못했다. 그런데 어느 날, 시청자 한 명이 매니저를 통해 이런 메시지를 보내 왔다. 자신은 우울증에 시달리고 있는데, 매번 프로그램에 나오는 내 모습은 항상 활기차고 긍정적으로 보인다면서 비결이 뭐냐고 물었다. 그제야 번뜩 이런 생각이 떠올랐다. 어쩌면 내가 부딪혔던 시련들, 우울증의 경험들이 다른 사람에게 도움을 줄 수도 있다는 생각이었다. 그래서 내 마음을 기록한 영상을 인터넷에 올렸다.

이 책의 출간에 참여하고 있는 지금, 나는 미국으로 거주지를 옮길 계획을 실행하고 있다. 그래서 불확실한 미래로 마음이 불안한 상태이다. 할리우드라는 새로운 환경에서 새로운 인생의 경험과 기회를 얻고 싶지만, 동시에 그것은 새로운 압박감으로 나를 괴롭히고 있다. 어쩌면 나는 또다시 절망의 나락으로 떨어질지도 모른다는 생각에 걱정과 두려움에 가득 차 있다.

하지만 이 또한 새로운 도전에 불과하지 않은가? 예전처럼 어쩔 줄 몰라하며 자신을 괴롭히는 지경에 놓이지는 않을 것임을 잘 알고 있다. 이곳의 가족, 친구, 심지어 심리상담사들이 나를 도와줄 것이다. 언니만 해도 나에게는 기둥과 같은 존재 아닌가?

가끔 지극히 단순한 일을 내 상상과 걱정을 덧대어 복잡한 일로 확대할 때가 있다. 그럴 때마다 나를 도와주는 모든 이들에게 감사하는 마음이다. 내가 필요로 할 때 언제든지 조용히 내 말을 들어주는 이들이다.

여러분들도 "나는 도움이 필요하다"라는 말을 두려워하지 말고 말하기를 바란다. 어쩌면 당신의 고통스러운 경험들이 다른 이들에게 도움이 될 수 있다는 사실을 발견하게 될 것이다.

가장 나다웠던 인생의 한 페이지

내 인생을 바꾼
10가지 법칙

—

1. 내가 원하는 것이 나에게 꼭 필요한 것은 아닐 수 있다

　때로 우리의 걱정과 근심은 '원하는 것'과 '필요한 것'이 충돌을 일으키기 때문에 생긴다. 애초에 프랑스 남자친구는 내가 원하는 것이었지만, 사실 나에게 진짜 필요한 것은 그와 이별하는 것이었다. 이 세상 그 누구도 자신에게 꼭 맞는 길을 가지는 않는다. 인생길 역시 평생 뻥 뚫린 고속도로가 아니다. 우리가 맞닥뜨린 일이 예상과 다를 때, 내가 해야 할 일은 있는 그대로 받아들이는 것이다. 그래서 나는 괴롭거나 혹은 실의에 빠졌을 때는 애써 벗어나려고 반항하지 않는다. 그저 담담하게 받아들이려고 노력한다.

또한 여러 가지 다른 방식으로 스트레스를 처리하려고 노력한다. 일이 내 생각대로 순조롭게 풀리지 않을 때는 그저 내가 처한 환경에 적응하려고 노력하며, 문제가 생겼을 때는 담담하게 마주한다. 때로 개선해야 할 부분이 있으면 흔쾌히 "오케이! 고칠게요!"라고 외친다.

모든 일이 엉망진창이라고 느낄 때면 까짓것 한바탕 실컷 울어라! 혹은 다른 일에 몰두하면서 스트레스를 해소한 뒤에 문제를 직시하면 된다. 삶의 수많은 일은 본래 우리 힘으로 통제할 수 없다. 내 힘으로 어쩔 수 없다는 점을 인정하고 받아들인다면 한결 마음이 가볍고 편안해지면서 안정감을 되찾을 수 있다.

2. 자신을 보살펴라

예전의 나라면 심리적으로 최악의 상태에 놓였을 때 그 어떤 조언도 받아들이지 않고 아무런 일도 할 수 없었을 것이다. 지금 심리적으로 최악의 상태라면 자신을 좀 더 개방적으로 바꾸려고 애쓰지 말라. 그것은 너무나 방대하고, 요원하며, 허무하기에 또 하나의 스트레스가 될 수 있다. 그럴 때일수록 자신을 잘 보살펴야 한다.

어쩌면 당신에게 필요한 것은 그 환경에서 벗어나는 것일 수도 있다. 방 안에만 틀어박혀 지낸다면 일어나서 방을 나가

보라. 문지방을 넘어 거실로, 거실에서 다시 대문 밖으로, 그리고 거리로 나가는 것이다. 산책하든 친구와 수다를 떨든 어떤 것이든 좋다. 당신을 괴롭히는 스트레스의 원인이 직장 일이라면, 혹은 집안일이라면 똑같은 환경 속에서 괴로워하지 말고 과감히 여행을 떠나보라. 모든 신경이 집중된 문제로부터 잠시 떠나 자신과 좀 더 친해지는 기회를 얻어보라.

"자신에게 스트레스를 주지 말라." 보통 과도한 스트레스로 침울해져 있을 때 이런 말을 곧잘 듣는다. 하지만 나는 그런 말이 오히려 또 다른 스트레스가 된다. 내가 알고 있는 유일한 해결책은 내 모든 신경이 집중된 일에서 멀찌감치 떨어지는 것이다. 그러다 보면 차츰차츰 자연스럽게 '그 문제를 생각하지 않게 된다.'

또한 그럴 때일수록 너무 많은 일까지 생각하고 고민해서는 안 된다. 또한 '며칠 뒤면 좋아질 거야' 하는 식의 생각도 필요 없다. 그저 자신을 잘 보살피는 일에만 집중하면서 작은 일부터 하나씩 바꿔나가면 된다.

예컨대 어지럽혀진 책상을 정리해보라. 깨끗한 책상을 보고 작은 성취감을 느낀 뒤에 범위를 좀 더 넓혀서 집 안 청소를 해보라. 이렇게 하나씩하나씩 바꿔나가는 것이다. 다만, 처음부터 이 집을 완벽하게 청소해야 한다는 생각을 가져서는 안 된다. 그것도 하나의 스트레스가 될 수 있다. 그저 작은 한 걸

음부터 내디딘다면 모든 신경이 집중된 그 일들로부터 자연스
럽게 멀어질 수 있다.

3. 새로운 일에 도전하다 보면 나 자신을 일으켜 세울 수 있다

〈크레이지 타이완〉 프로그램은 그야말로 나에게 구세주나
다름없었다. 살을 빼야 한다는 강박관념에서 벗어나야 했던
나에게 그 프로그램은 새로운 도전이었다. 솔직히 말하면, 나
는 많은 이들로부터 사랑받고자 하는 부류의 사람이다. 연예
계에 발을 디딘 것도 대중의 사랑을 받는 스타가 되고 싶어서
였다. 내가 진행을 맡은 〈크레이지 타이완〉 프로그램은 그런
내가 필요로 하고 또 원하는 것을 얻게 해주었다.

이 일을 만나기 전까지 나는 심리상담을 받고, 약물치료를
받기도 했으며, 친구나 가족들과 많은 이야기를 나눴다. 또한
운동하고 여행을 다녔으며, 날마다 꼬박꼬박 일기를 써 내려
갔다. 내가 시도했던 모든 것들을 당신도 시도해본다면 그 과
정에서 새로운 아이디어가 나올지도 모른다. 바로 당신이 가
장 필요로 하는 것이.

그렇다면 또 다른 도전을 해보는 것이다. 그러면 당신이 필
요로 하는 또 다른 것이 나타날지도 모른다. 이처럼 여러 가지
새로운 도전을 쌓으면서 충분한 정신적 영양분을 섭취하여 힘
을 키우고, 마음과 정신을 맑게 한 뒤에는 당신이 '진정으로 원

하는' 목표를 찾아 나서라.

그 과정에서 어쩌면 당신은 애초에 세워뒀던 목표가 당신이 궁극적으로 원하는 것과 다르다는 사실을 발견할 수도 있다. 예컨대 나는 다이어트와 사랑에 목맸지만 실상 내가 진정으로 원하는 것이 아니었다. 살만 빼면 금방이라도 스타가 될 줄 알았는데 그런 일은 일어나지 않았다.

스타가 되겠다는 목표에 더 이상 연연하지 않고, 아무것도 잃지 않았다고 자신을 다독이며 새로운 미래의 발전 가능성을 순순히 받아들였을 때, 비로소 나는 강해지기 시작했다.

그러므로 실의에 빠졌을 때는 자신을 어둠의 방에 가둬놓지 말라. 새로운 '가능성'에 도전하며 자신을 일으켜 세워라! 어떤 새로운 계기가 당신을 찾아올지 누가 알겠는가?

4. 나 자신을 잘 살피고 깨달아야 현재의 난관을 헤쳐나갈 수 있다

우리가 실의에 빠졌을 때 서둘러 브레이크를 밟고 자신을 일으켜 세우려다 보면 똑같은 자리에서 제자리걸음을 하게 마련이다.

실의에 빠졌을 때 우리를 엄습하는 두려움은 대부분 머릿속의 상상에 불과하다. 그러므로 환경을 바꾸는 것이 낫다. 영화를 보거나, 자신이 좋아하는 일 혹은 자기계발을 위한 일에 몰두하거나, 심지어 한바탕 우는 것도 좋다. 이렇게 쌓인 작은 변화들이 당신에게 도움을 줄 것이다.

그렇다면 어떻게 브레이크를 밟아야 할까? 예전에 내가 외모에만 모든 신경을 쏟고 있을 때 사전 경고음은 없었을까? 가령 귀에 염증이 생기거나 다래끼가 나거나, 혹은 아침에 일어나기가 힘들고 밤에는 또 쉽게 잠을 이루지 못했으며, 커피를 마시면 심장박동이 빨라질 때가 있었다. 그럴 때면 내가 또다시 우울증 상태로 돌입하고 있는 것이었다. 그러면 일부러 운동을 하고 일상의 변화를 시도했다. 스스로 하지 못할 때는 남편이 나를 피트니스 센터로 잡아끌고 갔다. 그는 내가 센터 안으로 들어가는 것을 확인할 때까지 지켜봤다.

일단 피트니스 센터 안으로 들어서면 아무 생각도 하지 않게 된다. 그저 코치가 시키는 대로 운동에만 열중할 뿐이다. 운동하지 않을 때는 거리를 산책하거나 등산을 했다. 참으로 신기하게도 이처럼 운동하고 나면 정말로 마음이 편안해진다. 이때는 SNS를 들여다보지 않는다. 폭식 증세가 나타나서 쓰레기 같은 음식을 잔뜩 먹게 될까 봐서이다.

당신에게 아무런 도움이 안 되는 것들은 쓰레기 음식이나 마찬가지다. 그러한 것들은 당신의 일상생활에서 치우고 주변 환경을 깔끔하고 편안하게 만들어라.

5. 자신의 다양한 모습을 즐겨라

예전에는 이런 생각을 했다. 나는 친근감을 주는 여자아이들 같지 않아서 대스타가 되기는 힘들 것이라고 말이다. 또 사람들이 내 모습에 너무 익숙해서 또 다른 모습으로 거듭나기는 힘들 거라고 생각했다. 하지만 지금은 그런 생각을 하지 않는다. 특히 요즘 크게 사랑받는 'A' 커피 프랜차이즈 광고 모델처럼 팬 카페를 운영하며 대중과의 거리를 좁혀서 친근감을 주는 연예인은 엄두조차 낼 수 없다고 생각했다.

하지만 〈크레이지 타이완〉 야외 촬영 진행을 맡으면서 나는 시청자들의 이웃집 소녀가 되는 느낌을 받았다. 거리에 나서면 행인들이 친절하게 다가와 말을 건네기도 했다. 비록 낯선 사람들이지만 친근하게 나를 대하는 느낌이 너무 좋았다.

다만 가끔 내 마음속에서 '유명 스타'가 되는 환상이 솟아오르곤 한다. 야외 촬영 진행자와 상상 속의 '대스타'는 상당히 어긋나는 모습이지만 둘 다 내 모습인 것만은 틀림없다.

우리는 한 가지 모습만이 아닌 다양한 모습을 지니고 있다. 우리 머릿속에서 동시에 수많은 갈망이 생기는 것처럼 말이다. '다양한 내 모습'은 그것이 설령 장점이든 단점이든 하나하나가 존중받을 가치가 있다. 그 어떤 모습의 나라도 있는 그대로 받아들여야 한다. 그래야만 당신의 여러 가지 모습을 가장 진실하게 내보이며 진정한 행복을 누릴 수 있다.

6. 나만의 독창적인 인생을 실현하라

"당신은 무언가를 추구할 수 있지만, 당신만의 방식으로 해야 한다."

나는 특히 미국 할리우드에서 대성공을 거둔 량쯔충(楊紫瓊, 양자경)을 부러워한다. 자기만의 인생을 펼쳐나간 모델이자 영화배우 크리시 티건(존 레전드의 부인)도 좋아한다. 그뿐만 아니라 얼핏 '완벽한 사람'처럼 보이는 요르단 왕비나 영국 왕세자빈에게도 관심이 많다. 그들이 외부세계에 보여주는 모습은 흠결 하나 없는 완벽하기 이를 데 없는 모습이다.

그렇다면 나는 왜 이들에게 관심을 기울이는 걸까? 예컨대 크리시는 자기다운 모습을 충실하고 과감하게 보여주는 사람이다. 내가 본받고 싶은 모습이기도 하다. 이들은 그야말로 나에게는 꿈과도 같다.

나도 이들처럼 되려고 노력할 수는 있지만, 그들과 똑같아질 수는 없다. 겉으로는 위풍당당하고 화려해 보이지만 실제 생활에서는 그에 상응하는 대가를 치르고 있을 것이다. 행동 하나하나 대중들의 시선을 의식해야 하고, 혹은 신변의 안전을 위해 경호원을 둬야 하며, 혹여나 자녀들에게 위해가 가지 않을지 전전긍긍하는 등.

마찬가지로 시청자들은 나를 매우 밝고 활동적인 사람이라고 여길지도 모른다. 그러한 모습은 가장 온전하고 가장 진실한 나 자신이 아닌데도 말이다. 그런 방송 이미지로 매우 힘들 때는 가장 진실한 내 모습을 그대로 보여주고 싶기도 하다. 여기서 내가 말하고 싶은 점은, 우리가 자신에게 거는 희망과 긍정은 사실 스스로 결정한다는 사실이다. 굳이 나 자신을 '또 다른 사람'으로 바꿀 필요 없다.

우리는 선망하는 대상의 극히 일부분만 바라보며 그들이 완벽하다고 여긴다. 하지만 사실 이 세상에 완벽한 사람은 없다. 그들이 어떤 생각을 하고 또 어떤 경험을 했는지 다른 사람은 알 수 없다. 완벽한 삶이라는 가짜 이미지를 만드는 것이 얼마나 피곤한 일인지 나는 잘 알고 있다. 그런 이미지를 만들려고 시도했다 큰 실패를 경험했기에 두 번 다시 반복하고 싶지 않다.

우리는 저마다 이 세상에 단 하나밖에 없는 독창적인 사람들이다. 그러므로 각기 다른 방식으로 자신이 원하는 성공을 이룰 수 있다. 내 목표는 나는 물론이거니와 내 가정이 점점 행복해지는 것이다. 나는 나만의 방식과 속도로 발전과 행복을 이룰 것이다. 여러분도 자신에게 가장 적합하고 또 자신만이 실천할 수 있는 성공의 루트를 찾아라.

7. 부러워 보이는 모습도 삶의 극히 일부일 뿐이다

나는 '살아 있는 악기'라고 칭송받는 목소리를 가진 어느 가

수 친구를 좋아한다. 목소리는 인간의 가장 자연스러운 악기다. 우아한 목소리에 가사가 덧대어지면 바이올린보다 더 감동적일 때가 많다. 그래서인지 나는 그 친구가 참 좋다. 게다가 그는 무수히 많은 세계 순회공연도 개최했다.

어느 날 그 친구와 수다를 떨면서 이런 말을 했다.

"나는 네가 너무 부러워. 그렇게 많은 콘서트를 개최했으니 돈도 엄청 많이 벌었을 거 아냐? 게다가 수천수만 명의 관중이 너의 노래를 들어주잖아."

그런데 뜻밖에도 그 친구는 이렇게 대답했다.

"사실은 내가 고통받고 있다는 걸 몰라서 하는 말이야. 가끔은 무대 위에서 보여지는 모습이 내가 아니라는 생각이 들어. 마치 밧줄에 꽁꽁 묶여서 억지로 무대 위에서 공연한다는 느낌이랄까?"

나는 그 말이 도무지 믿기지 않아서 되물었다.

"하지만 지금은 엄청 많은 돈을 번 부자잖아. 그 돈만 쓰고 살아도 행복하겠는데?"

그러자 친구가 대답했다.

"그깟 돈들은 필요 없어! 내 재산의 절반이 줄어들어도 나는 잘살 수 있다고."

나는 이렇게 반박했다.

"지금 네가 재산이 많아서 부족함이 없으니까 그렇게 말할 수 있는 거야."

그러자 친구가 또 이렇게 반박했다.

"너도 다른 사람들보다 돈을 더 많이 벌잖아! 지금도 돈이 부족하다고 생각하니? 지금 생활이 불행하다고 생각해?"

그 친구의 말에 나는 이렇게 대답하고 싶었다. '물론이지, 나는 더 많은 돈을 벌고 싶어.' 하지만 이내 입을 다물고 생각해보았다. 그 친구의 말대로 나는 다른 사람들보다 더 많은 돈을 벌고 있었다. 전혀 부족함 없는 삶을 살아가고 있었다. 어쩌면 남들도 내가 살아가는 모습을 보고 부러워할지도 모른다.

마지막에 친구가 이런 말을 했다.

"난 널 보고 있으면 부럽다는 생각이 들어. 넌 항상 자유롭고 자연스러운 삶을 사는 것 같아서."

"뭐라고? 네가…… 날 부러워한다고?"

정말 상상도 하지 못한 말이었다. 그 친구가 나를 부러워하고 있을 줄은.

생각해보면 상당히 흥미롭다. 우리는 자신의 부족한 면만 보면서 주변 사람들이 사는 모습을 부러워한다. 특히 SNS를 통해 우리는 여러 삶의 모습을 바라본다. 우리가 보는 것은 그들 인생의 극히 일부에 지나지 않는다는 것을 잊고 있다. 게다가 그들이 일부러 완벽하게 연출한 모습만 보여줄 수도 있는데 말이다.

나는 이 책을 통해 독자들에게 한층 다양하고 한층 진실한 나를 보여주고 싶다. 뭇 사람들은 모르는 내 모습, 완전하지 않은 부족한 내 일면들을 보여주고 싶다. 나도 여러분들처럼 나약하고, 불안하며, 자신에 대한 의구심에 휘말린다. 나의 불완전한 모습을 보면서 여러분들도 자신을 있는 그대로 바라볼 수 있기를 바란다.

8. 나 자신이 먼저 즐거워야 한다

예전에는 항상 '남들을 위해'야 한다고 생각했다. 부모님과 회사의 기대를 충족하려고 했고, 모두가 바라는 모습에 맞춰 변하려고 애썼다. 내 삶의 초점을 내가 아닌 타인에게 맞춘 것이다. 우리 아이들에게도 예외는 아니었다. 나는 아이들이 기대하는 엄마가 되려고 애썼다. 그러다 문득 깨달았다. 나 자신에게 먼저 충실하지 않으면 아이들을 잘 키울 수 없다는 사실을.

무엇보다 나 자신을 잘 보살펴야 다른 사람들을 보살필 수 있다. 정신적으로나 신체적으로 내가 건강해야 주변 사람들을 돌볼 여력이 생긴다. 내 즐거움과 행복을 충족할 수 있다면 자연스럽게 긍정적인 에너지를 발산할 수 있다.

과거의 나라면 분명 '많은 시간'을 소비하고 나서야 비로소 '좋은 엄마' 노릇을 했을 것이다. 하지만 지금은 가족과 함께하는 불행한 3시간과 행복한 3분 중에 망설이지 않고 후자를 선택할 것이다. 시간의 길이보다는 얼마나 좋은 시간을 보냈는지가 중요하니까.

나는 지금도 삶의 균형을 잃지 않으려고 노력한다. 물론 때로 지나치게 한쪽으로 편향되어 누군가의 지적이 필요할 때가 있다. 예컨대 자녀를 양육하는 방식에서 항상 내 방식이 옳을 수는 없다. 다른 사람의 방식 역시 항상 옳은 것은 아니다. 우리 모두의 방식이 옳지 않다면 왜 그 방식을 고집하는가? 그래서 지금은 나 혼자 독단적으로 결정하지 않고 항상 남편과 의논한다.

9. 미지의 공포감이 아직 모르는 미래를 압도할 수 있다

종종 나에게 이런 질문을 하는 사람들이 있다. "당신은 어떻게 그 일을 해낼 수 있었죠?" 솔직히 말하면 나 자신도 모른다. 주변 사람들은 내가 매우 용감하다고 말하지만 사실 난 그렇지 않다. 나도 두려운 일들이 매우 많다. 그저 깊이 생각하지 않고 무작정 앞을 향해 돌진할 뿐이다.

"미지의 공포감이 아직 모르는 미래를 압도할 수 있다"라는 말이 있다. 그 말은 틀림없다. 나는 종종 실제 일 자체보다 더 큰 두려움에 휘말릴 때가 많다. 두려움 때문에 그 자리에서 맴돈다면 당신이 시도하지 못한 도전은 영원히 물음표로 남을 것이다. 왜냐하면 마지막에 당신이 어떤 모습으로 변할지 영원히 알 수 없을 테니까.

가끔 생각하면 참 신기하다는 느낌이 든다. 최근에 내가 미국으로 이주한다는 소문이 퍼지면서 여러 가지 일들이 연달아 일어났다. 예컨대 우리는 큰아들에게 적합한 학교를 쉽게 찾았고, 텍사스에 사시는 부모님이 잠시 로스앤젤레스로 옮겨와서 작은아이를 돌봐주시기로 했다. 게다가 나도 미국에서 매니지먼트 회사를 수월하게 찾아낼 수 있었다. 이 모든 일은 마치 전 우주가 나를 도와준 듯한 느낌이 든다.

그러므로 우리가 아직 알지 못하는 일들은 실상 상상하는 것만큼 두렵지 않다는 사실을 잊지 말아야 한다.

10. 나에게 필요한 '행복'의 원점으로 돌아가라

이 책의 출간에 참여한 것은 내가 마치 테레사 수녀처럼 사랑으로 가득한 사람이기 때문이 아니다. 내 인생 목표는 그저 하루하루 즐겁게 사는 것이다. 먹고 싶은 거 마음대로 먹고, 가족들이 모두 건강하기를 바라는 것뿐이다. 다만 내 경험이 다른 사람에게 조금이라도 도움이 되면 좋겠다는 생각이 들었다. 누군가 나에게 "당신 때문에 내 인생이 달라졌어요"라고 말한다면 너무나 행복할 것 같다.

다만 나 역시 매우 이기적인 사람이라는 사실은 부정할 수

없다. 우울증이나 유산 경험을 공유한 것은 다른 사람들에게
도움을 주기 위해서가 아니라 그저 여러 사람들과 힘든 경험
을 나누고 싶어서였다.

이렇게 공유하고 싶은 심리의 밑바닥에는 행복해지고 싶은
욕구가 있다. 과거에 나는 내 행복을 많은 일과 타인의 시선에
맞췄다. 하지만 지금 내 행복은 아이가 건강하게 자라고, 남편
이 할리우드에서 순탄하게 자리 잡는 것이며, 많은 친구들과
함께 식사하고 일상을 즐기는 데 맞춰져 있다.

'행복'은 내 삶의 목표이며 그저 소소한 만족일 뿐 그 이상의
사치는 필요하지 않다. 매우 단순하고 행복한 삶을 살아가는
내 부모님처럼 말이다.

얼마 전에 부모님이 가꾸는 정원에 참외 열매가 맺히기 시작
했다. 두 분은 날마다 작은 참외가 자라는 모습을 다양한 각도
에서 사진을 찍으며 즐거워하고 뿌듯해한다. 그뿐만 아니라 종
종 새들이 정원에 내려앉아 물과 모이를 먹는 모습을 볼 때면
정원의 스프링클러를 작동하기도 한다. 지난번에는 아이들이
스프링클러에서 쏟아지는 물을 맞으며 신나게 노는 모습을 행
복한 표정으로 바라보곤 했다. 이처럼 단순하고 소소한 일들에
행복과 만족감을 느끼는 것이야말로 내가 바라는 행복이다.

나의 갈망

성공하고 싶다

▼

나의 곤경

목표가 너무 많으면 오히려 방향을 잃게 된다

▼

나의 신념

단순함을 유지하며 마음을 쏟아라

현실에 갇힌
당신을 위해

—

"사람은
모든 것을 다 가질 수
없다고 믿는다."

장전청
앙드레 창, 미슐랭 2스타, 국제적인 유명 셰프

인생은
요리와 같다

—

    인생은 요리에 비유할 수 있다. 요리의 가장 좋은 상태는 바로 식탁 위에 내놓는 순간이다. 요리를 내놓고 난 다음에는 나 자신이 원점으로 돌아갈 수 있도록 5분간의 여유를 준다. 그러고는 다시 새로운 요리를 시작한다.

    요리는 먹고 나면 아무런 형체도 남지 않고 사라지지만, 사람들은 요리를 먹는 그 과정을 기억하고 그 에너지를 느낀다. 나는 완벽함에 도달하는 과정과 완벽함에 대한 미련을 버리는 것 모두 중요하다고 생각한다.

    나는 인생이든 직업이든 원하는 것이 무엇인지를 항상 명확하게 파악한다. 나에게 목표란 그림을 그리는 것과 같다. 매번 하나의 목표를 달성할 때마다 '온전한 그림' 한 폭을 완성하는 것이다. 그리고 이어서 다시 원점으로 되돌아가 재정리한 뒤 새로운 출발을 한다. 이렇게 나는 10년마다 하나의 이정표를 세웠다.

'원점으로 돌아가라'는 것은 모든 것을 버리라는 뜻이 아니다. 초심으로 돌아가 내가 놓여 있는 현재의 상태를 살펴보라는 뜻이다. 서른 살 무렵 애초에 당신이 꿈꾸던 모습이 아니라면, 혹은 마흔 살 무렵 당신이 원했던 모습이 아니라면, 원점으로 돌아간다고 해서 모든 걸 잃을까 봐 두려워할 필요 없다.

이른바 원점으로 돌아가는 것은 '셰프를 그만둔다'거나 기존의 직업을 때려치우는 것을 의미하지 않는다. 예를 들면 이렇다. 이 요리를 완성했으면, 다음은 어떤 요리를 만들지? 이번 분기가 끝났으면 다음 분기는 무엇에 집중하지? 이렇게 10년이 지났는데, 다음 10년의 계획은 어떻게 세우지? 여기서 중요한 것은 그동안 자신이 이룬 그 어떤 일도 새로운 시작의 걸림돌이 돼서는 안 된다는 점이다.

로켓 탄도를 인생에 비유한다면, 원점으로 돌아가는 것과 재배치는 바로 인생 단계의 미세한 조정이다. 로켓이 발사하는 과정에서 일부분은 반드시 분리되어야 다음 단계로 나아갈 수 있다.

예를 들어 내가 몸담았던 싱가포르 레스토랑 앙드레가 한 폭의 그림이라고 가정해보자. 나는 10년에 걸쳐서 애초에 계획했던 모습으로 레스토랑을 키웠고, 이는 한 폭의 예술품을 완성한 것과 같다. 그림을 완성한 이상 나는 더 이상 붓칠을 덧댈 필요가 없다. 그래서 아무런 미련이나 머뭇거림 없이 그곳을 떠났다. 새로운 단계를 향해 전진하는 것이다.

대다수 사람들은 자신의 사업이 최고 정점에 그대로 있기를 원한다. 혹은 얼굴에 주름이 생기는 것을 막으며 자신의 젊음을 영원토록 붙잡고 싶어 한다. 하지만 이는 불가능한 일이 아닌가?

유행하는 음악을 예로 들면, 특정 시대를 대표할 뿐 대대손손 사람들이 흥얼거리는 음악으로 남을 수 없다. 이 세상에는 끊임없이 새로운 것들이 나타나며, 끊임없이 다음 세대를 만들어낸다. 마찬가지로 음식이나 식재료도 시대에 따라 변한다. 동일한 상태로 남아 있을 수 없다. 끊임없이 진화해야만 최고 정점의 자리를 영원토록 차지할 수 있다.

나는 같은 상태로 남아 있을 수도 없고, 그래서도 안 된다고 생각한다. 나에게는 40세의 목표, 50세의 목표가 있기 때문이다. 나는 각 단계의 목표에 맞는 최적의 상태를 이뤄내야 한다. 이것이야말로 내가 단계마다 해야 할 일이다. 그 단계를 지나갈 때마다 다시금 원점으로 돌아가 나를 재배치하는 것이다.

어떻게 하면 원점으로 돌아갈 수 있을까?

1. 인생 계획을 명확하게 세웠는가?

2. 당신이 기대하는 인생의 그림은 어떤 것인가?

3. 명확한 목표를 세운 뒤에는 각 단계별로 나눠서 당신의 인생을 살펴보라. 당신이 세운 계획대로 궤도를 잘 밟고 있는가?

4. 원점으로 돌아가는 것은 모든 것을 잃는다는 뜻이 아니다. 인생을 조정하는 것을 두려워하지 말고 궤도에서 어긋난 당신을 원래의 궤도에 세워놓아라.

늘 처음 시작하는 마음으로
도전했다

—

명확한 인생 목표를 세우는 것 외에도 적당한 융통성이 필
요하다. 이는 셰프에게 특히 중요하다. 내 직업은 날마다 각기
다른 변수에 놓여 있다. 아침마다 들어오는 식자재의 상태가
각기 다르고, 레스토랑을 찾아오는 고객의 입맛도 저마다 다
르다. 이러한 변수에 잘 대처하며 기준에 맞는 요리를 만들고,
고객에게 세심한 서비스를 제공하는 데는 융통성이 필요하다.
이는 내가 매우 중시하는 셰프의 능력이기도 하다.

융통성은 눈앞에 거대한 산이 목표를 막았을 때 그것을 어
떻게 무너뜨릴지 방법을 생각해내고, 또 그 과정에서 길을 잃
지 않는 데 필요한 것이다. 혹은 배를 타고 바다에 나갔을 때

순풍과 역풍을 잘 활용하며 배를 몰아가는 것을 의미한다. 이러한 융통성은 내가 유연성을 유지하면서 무작정 주변 사람이나 환경을 탓하거나 부정적인 에너지가 쌓이는 것을 막아준다. 더 나아가 목표에 한층 집중하여 수월하게 성공을 거둘 수 있도록 도와준다.

목표를 명확히 세우고 실행 과정에서 융통성을 유지하는 것은 내가 지속적으로 전진할 수 있는 중요한 요소이다. 나는 끊임없는 자기계발과 진보 상태에 놓여 있다. "이제 충분하다", "더 이상 노력을 기울일 필요 없다"라는 말을 한 번도 나 자신에게 해본 적이 없다.

나는 내가 어떠한 상태까지 도달할 수 있는지 잘 알고 있다. 다만 그러한 상태에서 조금만 더 나아지기 위해 노력할 뿐이다. 일단 목표를 달성하고 자신감이 생기면 좀 더 높은 기준의 다음 목표를 세운다. 이렇듯 목표는 밤하늘에 떠 있는 달처럼 막연한 꿈이 아니라 하나씩 하나씩 완성해나가는 임무이다.

외부 환경이나 조건을 지나치게 중시하며 자신이 하는 일이 온갖 난제로 둘러싸인 것처럼 여기는 이들이 있다. 혹은 자신이 부유한 가정에서 태어나지 못해서 인생에 제약이 너무 많아 "누구누구처럼 될 수 없다"라고 원망을 늘어놓기도 한다. 사실 우리 인생에는 내 힘으로 쟁취할 수 있는 수많은 선택과 길이 있다. 예컨대 안전한 길만을 걸으며 한 푼 두 푼 성실하게 재산을 모을 것인지, 아니면 자신의 모든 것을 내던지고 거금을 투자해서 모험을 감행할 것인지는 자신의 선택이자 탄력 있게 도전할 수 있는 인생의 과정이다.

물론 좌절에 부딪혔을 때는 자기 의구심에 빠지기 마련이다. 하지만 이러한 의구심은 나 자신조차 무엇을 하고 있는지 모를 때 나타나는 현상이다. 내가 하려는 것이 무엇인지 명확하게 알고 있다면 자신의 목소리에 귀를 기울이며 끝까지 하고 싶은 일에 전력할 수 있다.

나 역시 처음부터 단숨에 성공을 거머쥐고 고국으로 돌아온 것이 아니다. 혹은 좌절이나 시련을 겪지 않은 것도 아니다. 반대로 프랑스에서 일할 때는 수년 동안 하루하루 일에 찌들어 잠자는 시간조차 부족해서 체력이 바닥날 정도였고, 여러 가지 힘든 일을 맞닥뜨렸다. 이러한 어려움은 내 열정과 인내심을 갉아먹기 일쑤였다. 하지만 나는 지칠 때마다 끊임없이 초심으로 돌아가서 에너지를 잃지 않도록 자신을 일깨우며 다시금 새롭게 출발선으로 돌아갔다.

초심은 나에게 매우 중요한 원동력이자 영혼의 양식이었다. 누구나 그 일을 시작할 때 가졌던 초심이 있다. 어떤 사람이 되고자 하거나 혹은 어떤 일을 이루려는 꿈을 가지고 첫걸음을 내디뎠을 때 가장 기쁘고 행복한 마음을 느낀다. 바로 그러한 '기쁜 상태'가 바로 초심이다.

내가 그토록 일하고 싶었던 레스토랑이 있었다. 하지만 좀처럼 결원이 생기지 않아서 취직할 수가 없었다. 그래서 나는 월급을 안 받아도 좋으니 일하게 해달라고 간청했다. 감자를 깎고 쟁반을 닦으며 날마다 힘든 노동을 할지라도 그 레스토랑에서 일하고 싶었다. 내가 꿈에 그리던 레스토랑이었기에 그곳에서 일할 수 있다는 사실만으로도 너무도 기쁘고 행복했다. 이게 바로 나의 초심이었다.

이러한 기쁜 상태는 항상 남아 있지 않기 때문에 끊임없이 일깨우며 강화해야 한다. 예컨대 우리의 체력은 항상 똑같은 상태를 유지할 수 없으므로 지속적으로 운동해야 하는 것과 같은 이치다.

그래서 나는 매번 귀찮다거나 피곤하다는 생각이 들 때마다 자신을 일깨운다. "왜 이 일을 하는가?"라고 자문하며 이 일을 처음 했을 때의 흥분과 설렘을 떠올린다. 맨 처음 기뻤던 상태로 마음을 되돌리는 것이다. 초심으로 돌아갈 수만 있다면 새로운 원동력을 가질 수 있다.

어떻게 하면 초심으로 돌아갈 수 있을까?

1. 맨 처음 원하던 일을 하게 됐을 때 느꼈던 즐거움을 회상해보라.
2. 좌절이나 방황을 겪을 때 자신이 왜 이 일을 하고 싶어 했

는지 스스로 일깨워라.

3. 자신에게 질문하라. 지금의 생활과 '초심'이 일치하는가?
그 시절처럼 즐거움을 느끼고 있는가?

나는 오직 한 가지만을
이루려고 했다

—

나는 인생을 '단순화'하는 것이 매우 중요하다고 생각한다. 대다수 사람들은 수많은 것들을 한 손에 움켜쥐려고 하다 결국은 일을 복잡하게 만든다. 사실 하나의 목표만을 세우고 그 일에 당신의 모든 것을 내던지면 된다.

물론 단순화는 결코 쉬운 일이 아니지만 모든 일을 반드시 다 이뤄낼 필요는 없다. 예컨대 요리를 만들 때 모든 식재료를 다 쓸 필요 없는 것과 마찬가지다. 사용할 수 있는 재료만 최대한 활용해도 최고의 요리를 만들어낼 수 있다. 게다가 우리의 시간과 에너지는 한계가 있으므로 반드시 취사선택을 해야 한다.

가장 나다웠던 인생의 한 페이지

너무 많은 일을 한꺼번에 하려고 하는 사람들이 많다. 이는 동시에 수십 개의 우물을 파는 것과 같다. 그렇게 되면 땅을 충분히 깊게 파지 못해서 결국은 우물을 찾지 못한다. 혹은 취미가 너무 광범위하여 겉으로는 관련 문제에 관심이 많은 듯하지만 실제로는 깊이 있는 지식을 갖추지 못하는 것과 같다.

이처럼 겉과 속이 일치하지 못하면 제대로 된 지식을 쌓거나 행동으로 옮기지 못하므로 결국에는 성공을 거두기 힘들다. '단순화는 일종의 통제력'으로서 무분별하게 모든 것을 움켜쥐는 것을 막아준다.

오늘 내가 처리해야 할 일이 20가지라고 가정해보자. 이 일들을 처리하려면 시간과 에너지가 필요하다. 그렇다면 그중에 중요한 일, 중요하지 않은 일, 급한 일, 그렇지 않은 일을 선별하여 나중으로 미뤄도 되는 일은 마땅히 배제해야 한다.

예컨대 나는 유한한 내 시간을 외모를 가꾸는 데 사용하고 싶지 않다. 그래서 생활을 단순화하여 날마다 업무시간과 쉬는 시간을 정하고, 같은 헤어스타일을 고수한다. 직업조차 단순화하여 오로지 요리 만드는 데만 집중하지 않는가? 불필요한 것들은 배제하고 중요한 일에만 모든 에너지를 쏟아부어야 한다.

어떻게 하면 인생을 단순화할 수 있을까?

1. 오늘 하루 종일 왜 바빴는지, 과연 그 일들이 중요한 것이 었는지 자신에게 물어보라.

2. 불필요한 일은 배제하라.

3. 가치 있는 목표에 당신의 모든 주의력을 집중하라.

가장 나다웠던 인생의 한 페이지

500미터를 달리고 싶다면
1킬로미터를 달려라

—

'더 이상 견지해나갈 수 없다'고 느낄 때 나는 자신에게 이렇게 묻는다. 저 일을 끝까지 완성하면 어떻게 될까? 이대로 도중에 포기하면 어떻게 될까? 내가 끝까지 밀어붙일 가치가 있는 일일까? 긍정적인 대답이라면 나는 모든 방해물을 헤쳐나가며 끝까지 완수한다.

한 가지 일을 성취하는 데는 누적이 필요하다. 지속적인 노력과 끈기가 누적되어야 마지막에 결실을 볼 수 있다. 안타깝게도 많은 사람들이 오랫동안 노력을 기울이다 최종 목표 지점을 눈앞에 두고 포기하는 바람에 그동안 기울인 노력이 물거품이 되는 모습을 자주 본다.

어쩌면 그들은 그 결과물을 진심으로 원하지 않았거나 혹은 자신이 곧 성공을 거두리라는 사실을 알지 못했을 것이다. 내 주변에도 그런 사람들이 많다. 나는 종종 그들에게 화도 내고, 안타까움을 느끼기도 한다. 왜? 왜 끝까지 견지하지 않는가? 왜 그 일을 성실하게 완수하고 다시 새로운 일에 도전하지 않는가?

도중에 포기할 것인지 아니면 끝까지 온 힘을 쏟아부어 매달릴 것인지 결정하는 데는 이성적인 사고가 필요하다. 그 일을 완성한 후에 당신이 원하는 것을 얻을 수 있다는 확신만 있다면 끝까지 노력을 기울이게 될 것이다.

가령 체력을 유지하기 위해 조깅을 한다고 가정해보자. 목표 지점까지 500미터 남았고, 칼로리도 별로 소모하지 못했지만 달리기를 멈춰도 그다지 문제될 것은 없다. 반면 달리기 대회에 참가하기 위해 아침에 조깅을 한다고 가정해보면 상황은 달라진다. 남은 500미터를 끝까지 달리지 못하면 달리기 대회에 참가할 수도 없고, 애초에 달리기에 참가하려던 초심, 즉 성취감도 얻을 수 없다.

이성적 사고를 통해서 오늘 '완성된 결실'이 내가 지속적으로 노력을 기울일 가치가 있다고 확신한다면 어떨까? 가령 달리기 완주를 통해 얻는 성취감이 꼭 필요하다고 판단한다면, 오늘 내 체력이 부족해도 혹은 '됐어, 지쳤다. 이제 그만 달리자'라는 마음이 들어도 나는 결코 포기하지 않고 끝까지 달릴 것이다.

나의 유일한 선택은 바로 견지다. 끝까지 견지해나간다면 내가 원하는 결실을 얻을 수 있다.

나는 '결실은 그에 상응하는 노력의 대가'라고 굳게 믿는다. 무슨 일을 하든 먼저 대가를 치러야만 비로소 얻을 수 있다. 프랑스에서 언어를 배울 때 나는 단어 하나하나를 죽을힘을 다해 외웠다. 또한 레스토랑에서는 하루에 4시간만 자고 온종일 일했다. 이처럼 노력이라는 대가를 치러야 한다.

내 몸과 마음이 지칠 때마다 나 자신에게 이렇게 외친다.

"포기해서는 안 돼! 절대로 도중에 포기하지 마! 고생은 하나의 과정일 뿐이야. 결코 백기 들면 안 돼!"

"실패는 두려워할 필요 없어. 그저 성공을 거두고 자아를 발전시키기 위해 거쳐야 하는 과정일 뿐이야!"

나는 왜 노력을 기울여야 하는지 잘 알고 있기에 한 번도 힘들다고 생각해본 적이 없다. 그저 고통스러운 과정을 하나의 통과의례로 당연하게 생각했다.

견뎌낼 자신이 없으면 어떻게 해야 할까?

1. 자신에게 질문하라. 이 일을 완성했을 때와 중도에 포기했을 때 무엇이 달라지는가? 정말로 끝까지 매달려서 완

성할 가치가 있는가?

2. '나는 반드시 할 수 있다'라고 자신에게 외쳐라.

3. 좌절하고 마음고생을 하는 것은 그저 성공으로 가는 통과
의례라는 사실을 잊지 말라.

4. 좌절에 연연하지 말라.

부정적인 생각 속에서
나를 구출해냈다

—

2018년 싱가포르의 사업을 접고 대만으로 돌아온 뒤 수년에
걸쳐서 대만의 요리 교육과 요리사 양성에 많은 시간을 쏟아
부었다. 그런데 매년 가르치는 학생들의 자질이나 학습 태도
가 사뭇 달랐다. 교사들의 부정적인 비판을 들을 때는 내 마음
도 거기에 휩쓸리곤 했다.

한번은 중부의 어느 학교에서 수업을 맡을 때였다. 당시 나
는 전날 새벽 3시까지 일한 다음 고속전철을 타고 중부까지
내려갔다. 그런데 막상 수업에 들어가 서너 명의 학생들만 집
중하는 모습을 보니 김이 빠졌다. 정말로 다른 교사들의 말처
럼 이번 학기는 '자질이 매우 뒤떨어지는' 학생들뿐이라는 생

각이 들었다.

그 순간 나는 깊은 무력감에 빠지고 말았다. 마치 어린아이들이 한꺼번에 물에 빠졌는데, 그들을 구해낼 방법이 없는 듯한 느낌이었다. 내가 지금 왜 여기서 이런 학생들을 가르치며 시간을 허비하고 있을까 하는 회의감마저 들었다. 홧김에 교실을 박차고 나올 수도 없는 상황이었다. 그래서 스스로 마음을 다잡으려고 노력했다.

애초에 학생들을 가르치려고 했던 초심을 떠올렸다. 과거에 내가 학교에서 배우지 못한 요리 지식을 새로운 세대들에게 전수해주고 싶었던 그 마음을. 그래서 나는 초심을 되새기며 수업에 열중했다. 비록 서너 명의 학생들만 내 강의에 집중했지만, 적어도 그 학생들만이라도 '구출'할 수 있지 않겠는가? 그렇게 나는 수업 중에 느꼈던 무력감이나 회의감을 벗어던질 수 있었다.

어쩌면 이것도 낙관적인 태도일 것이다. 처음 프랑스에 건너갔을 때 나는 레스토랑에서 가장 자질구레한 잡일만 도맡아 했다. 내가 올라가야 할 단계가 15층까지 있다고 가정했을 때, 나는 그 꼭대기에 있는 요리사들만 쳐다보면서 결코 의기소침해하지 않았다. 당시 나의 뇌는 압력이 가득해지면 자동으로 증기를 뿜어내는 압력밥솥과 같았다. 부정적인 정서가 솟구칠 때마다 내 마음속에서 낙관적인 목소리가 자동으로 튀어나왔다.

"긍정적으로 생각해!"

"맛있는 요리를 먹고 즐거워하는 고객들을 봐!"

"조금만 더 참으면 목표에 도달할 수 있어!"

그러고는 부정적인 생각 속에서 나를 구출해냈다. 스트레스나 부정적인 생각을 통제할 줄 알아야 성공의 결실을 더 빨리 맛볼 수 있다.

어떻게 해야 긍정적인 태도를 유지할 수 있을까?

1. 먼 산을 바라보며 한숨 쉬지 말고 문제의 해결 방법을 찾는 데만 집중하라.

2. 자신을 위해 새로운 긍정적인 관점을 주입하라.

3. 자신과 내면의 대화를 나누며 낙관적이고 긍정적인 생각들이 당신에게 힘을 보태주도록 하라.

잘하는 일을 하다 보니
좋아하는 일이 되었다

—

자신이 기울이는 노력의 끝이 어디인지를 모를 때 곧잘 포기하고 싶은 마음이 솟구친다. 가령 낯선 곳을 여행할 때 목적지까지는 무척이나 멀게 느껴지지만 막상 돌아올 때는 거리가 훨씬 가깝게 느껴진다. 이처럼 목표 지점까지의 거리를 알고 나면 남은 거리가 얼마나 되는지 짐작할 수 있기에 여정이 훨씬 수월해지는 법이다. 마찬가지로 목표가 명확하다면 최선을 다해 끝까지 도전할 수 있다.

보통 산에 오르기 전에 우리는 어떤 아름다운 경관이 펼쳐져 있는지 미리 살펴본다. 이 길로 계속해서 올라가면 아름다운 경관을 볼 수 있다는 것을 잘 안다. 인생의 목표도 마찬가

가장 나다웠던 인생의 한 페이지

지다. 하지만 안타깝게도 대다수 사람들은 충분한 준비를 하지 않고 최종 목적지까지 얼마나 걸리는지 잘 몰라서 중도에 포기하기 일쑤다.

많은 사람들이 나에게 이런 질문을 한다.

"당신은 어떻게 해서 어린 나이에 인생의 목표를 정할 수 있었나요?"

사실 나는 어린 시절 화가나 조각가를 꿈꿨다. '셰프'라는 직업은 내 초등 시절 작문에 단 한 번도 언급된 적이 없다. 젊은 시절에 어떤 일이 내 평생의 직업이 될지 알 수 있는 사람은 없다. 난 다만 단순하게 생각했을 뿐이다. 똑같은 노력을 기울였을 때 어떤 일을 더 완벽하게 해낼 수 있을까?

나는 그림을 그리거나 조각을 하면서 칭찬을 받아본 적이 없다. 그런데 어머니를 도와서 음식을 만들 때는 항상 가족들의 칭찬이 쏟아졌다. 그래서 내가 가장 자신 있고 칭찬을 많이 받는 일을 직업으로 삼기로 결정했다.

사람은 누구나 남들보다 잘하는 한 가지 장기가 있다. 어쩌면 당신이 간절히 원하는 목표가 아니지만 주변 사람들의 호응에서 성취감을 얻어 그 일을 계속하기도 한다. 반대로 내가 하고 싶은 일이 있는데도 충분한 노력을 기울이지 않기도 한다.

무릇 모든 일에 최선을 다해봐야 한다. 그렇지 않고는 당신이 진정으로 원하는 일인지 알 수가 없다. 이렇다 할 성취를 이루지 못하는 사람들은 대개 자신의 모든 것을 투자하지 않기 때문이다. 투자하지 않는데 어떻게 좋은 결과를 얻을 수 있겠는가?

자신의 모든 것을 쏟아부을 때는 시간과 용기가 필요하지만, 그 단가를 계산해서는 안 된다. 그저 좋아하는 일이라면 마땅히 최선을 다해야 한다. 당신이 세운 인생 목표에 당신이 모든 노력을 쏟아붓지 않으면 누가 대신 노력을 기울여주겠는가?

어떻게 해야 성취감을 느낄 수 있을까?

1. 자신 있고 좋아하며 성취감을 얻을 수 있는 목표를 찾아라.
2. 충분한 준비를 해서 정확한 목표를 세운 뒤 자신의 모든 힘을 쏟아부어라.
3. 노력은 좋은 보상을 가져다주기 때문에 성취감을 만끽할 수 있다.

돈의 유혹을 물리치고
사람이라는 자산을 얻었다

—

 예전에 나와 13년 동안 함께 일했던 착실한 직원이 한 명 있었다. 세이셸과 프랑스, 싱가포르 등에서 레스토랑을 경영하는 내내 함께 일했다. 하지만 내가 싱가포르의 앙드레 레스토랑을 폐업하려고 결정했을 즈음 갑자기 그가 사라졌다. 모두 그가 어디 갔는지 알지 못했다.

 당시 나의 뇌리에 첫 번째로 떠오른 생각은, 레스토랑 문을 닫는다는 사실에 큰 스트레스를 받고 속상해서 그냥 떠나버린 걸까, 하는 것이었다. 나는 그가 걱정돼서 경찰에 신고까지 했다. 그런데 막상 그의 집을 찾아가 보니 그는 이미 며칠 전에 이사를 가고 난 뒤였다.

그로부터 며칠 뒤 그가 내 요리 구상과 고객 자료까지 훔쳐서 상하이에 레스토랑을 개업한 사실을 알게 되었다.

참으로 안타깝기 짝이 없었다. 그는 아직 다듬지 않은 원석이던 시절부터 나와 함께 일했다. 앞으로 요리업계에서 크게 두각을 드러낼 미래의 인재였는데, 사업가들의 금전적인 유혹을 이기지 못한 것이다. 어쩌면 그도 나에게 다 털어놓지 못한 고충이 있겠지만 결과적으로 가장 최악의 방식으로 떠났다.

그가 개업했던 레스토랑은 지금은 사라졌다. 그도 10여 년의 시간을 투자했기에 자신이 원하는 일을 추구할 수 있다. 하지만 그가 좀 더 성숙한 방식으로 자신의 재능을 빛내주기를 바랐다. 그랬다면 나는 그의 성공에 자부심을 느꼈으리라.

또 다른 요리장은 나와 계속해서 일하기를 희망했다. 그는 나를 도와 레스토랑 영업을 맡았다가 나중에 자신의 레스토랑을 열고 싶다는 소망을 털어놨다. 나는 당연히 그에게 전폭적인 지원을 아끼지 않았다. 지금은 자신의 레스토랑을 개업하고 인생의 성공을 거둔 그가 매우 자랑스럽고 기쁘다.

가장 이상적인 버전의 나를 선택하는 것

1. 인생에는 수많은 유혹이 있다. 그리고 그 유혹마다 인생의 과제가 따라온다.
2. 유혹을 받았을 때는 깊고 신중하게 생각하고 평가하라.

3. 자신에게 물어보라. '이상적인 모습의 나'를 위한 선택인가?
4. 자신이 필요로 하는 것을 용감하게 말하라. 입 밖으로 꺼내기 곤란한 말들이 종종 가장 중요한 첫걸음이 될 수 있다.

함께 나눠 먹을수록
삶이 풍요로워진다

—

    절절한 가사의 발라드가 오랫동안 사람들의 입에 회자되는 이유는 우리 마음속 깊은 곳의 추억을 끄집어내기 때문이다. 어린 시절 어머니는 항상 도시락 2개를 준비해주셨다. 내가 남들보다 먹성이 좋아서가 아니라 친구들과 함께 먹으라고 만들어주신 것이다.

    어릴 때부터 먹는 데 있어서는 남들보다 훨씬 많은 행복을 누렸던 것 같다. 어머니의 도시락은 음식이 정을 나누는 매개체라는 사실을 알게 해주었다. 특히 정성껏 만든 음식은 먹는 사람이 그 마음을 느낄 수 있다.

    어머니는 단 한 번도 나에게 "100점을 받아 오라", "돈 좀 모아라", "번듯한 직장을 다녀라" 등의 말씀을 하신 적이 없다. 그저 내가 정신없이 일에만 몰두하고 있을 때면 주변 사람들을 좀 챙기면서 정을 나누라고 당부했다. 매번 산더미 같은 일로 지친 나머지 짜증을 내거나 조급해하면 어머니는 냉철하고 차분하게 행동할 수 있도록 일깨워주셨다. 마치 바짝 메마른 화초에 물을 주는 것처럼 내가 따뜻한 인간성을 잃지 않게 해주었다.

그뿐만 아니라 어머니는 무슨 일을 하든 '정(情)'을 강조하셨다. 일할 때는 열심히 하고, 건강을 잘 챙기고, 동료들을 잘 보살피라고 당부하셨다. 또한 바쁠 때도 내 옆에 가족과 형제자매가 있다는 사실을 잊지 말고 자주 전화하라고 일깨워주셨다. 어머니는 종종 나에게 이렇게 묻는다. "이번 주에 누나랑 통화했니?", "형 회사가 요즘 어떤지 안부 인사 좀 하고 지내니?" 내가 "아니요, 요즘 너무 바빠서요"라는 대답을 하면 어머니는 호통을 치셨다. "지금 당장 안부 전화부터 해라!"

어머니는 이처럼 사랑이 아주 많은 분이시다. 어머니는 언제 어디서나 자애로운 모습을 보여주신다. 사랑과 정이야말로 인생에서 가장 중요하다고 여기신다. 그래서 항상 입버릇처럼 "회사 직원들 격려하는 것을 잊지 마라"고 말씀하신다. 이러한 어머니의 당부는 나에게 하나의 습관을 만들어주었다. 내 업무 일정에는 '네가 사랑하는 사람들을 격려하라'는 메모가 있다. 이는 어머니가 나에게 일깨워준 말이고, 또 이제는 나 스스로 일깨우는 말이다.

삶의 풍미를 더해주는 것

1. 마음을 담아서 일하면 사람들에게 당신의 진심을 전달할 수 있다.

2. 아무리 바쁘더라도 사랑과 정을 잊지 말라. 자신은 물론 가족들에게 많은 관심을 쏟으며 보살펴라.

3. 주변 사람들을 격려하는 것을 잊지 말라.

가장 나다웠던 인생의 한 페이지

열정을 잃지 않으니
삶에 지치지 않는다

—

열정은 대단히 중요하다. 열정만 있다면 그 어떤 고난도 이 겨낼 수 있다. 인생에서 '진정으로 열정을 발휘할 수 있는' 목 표를 찾는 것이 가장 중요하다. 열정이 있으면 아무리 힘든 일 도 지칠 줄 모르고 하게 된다. 반대로 열정이 없으면 그저 형 식적으로 일하기 때문에 훨씬 힘들고 또 쉽게 지쳐서 오래 할 수 없다.

열정을 찾는 과정은 자신의 내재적인 본질을 찾는 여정이 다. 자신의 본질을 찾으면 솟구치는 에너지로 자기 발전을 적 극적으로 꾀하게 된다. 일단 열정이 솟아나기 시작하면 당신 의 모든 시간과 에너지를 아낌없이 쏟아붓게 될 것이다. 시간과 에너지를 쏟아부어 일하면 주변 사람들에게 긍정적인 말과 인정을 받기 마련이다. 설령 지나가는 칭찬 한마디에도 지속적으로 목표를 향해 전진할 수 있는 역량을 얻게 되어 아무리 힘든 일도 즐겁게 몰입할 수 있다.

당신의 본질과 열정을 찾아서 노력을 기울이는 한편, 자신의 풍격과 개성을 점차 발전시켜야 한다. 예컨대 나는 셰프로 살아오면서 시장의 요구에 맞춰 내 요리 풍격을 바꿔본 적이 없다. 그래서 내 레스토랑은 가장 '나다운' 레스토랑이라고 자부심을 가지고 말할 수 있다. 그리고 대만의 향토 식재료로 본연의 맛을 가진 요리를 만든다는 점에서 대만 사람으로서 자부심을 느낀다.

우리 레스토랑은 사람들에게 대만의 식재료가 가진 생명력을 느끼게 해주는 플랫폼이라고 할 수 있다. 나는 외국인들이 나의 요리를 통해 대만에 대한 좋은 인상을 받기를 소원한다. 이는 우리 레스토랑의 의무이자 현재 내 인생의 목표이기도 하다.

나는 이른바 '콘셉트(concept)'라는 것에 신경 쓰지 않는다. 그저 내가 하고 싶은 일을 하고, 또 내가 하고 싶은 말을 할 뿐이다. 나는 누군가에게 잘 보이려고 일부러 입에 발린 말도 하지 않는다. 그저 가장 나다운 나로 살아갈 뿐이다. 지금 단계의 목표를 완성한 뒤에는 차세대에 실질적으로 전승하여 대만의 요리가 대대손손 이어질 수 있는 '대만 레시피'를 만들고 싶다.

나다움을 만드는 것

1. 자신의 '진정한 열정'을 찾아라.
2. 자랑스럽게 '나다움'에 충실하며 자신의 풍격을 한층 발전
   시켜라.
3. 외부 환경으로 나 자신을 바꾸지 말라.

나만의
인생 레시피를 만든다

—

    8대 중화요리 중에 광둥 요리는 비록 다양하고 뛰어나지만, 쓰촨 요리처럼 지역 한계성을 벗어나 세계 각국에서 오랫동안 전승되어 같은 맛의 요리를 만들어내지 못한다. 쓰촨 요리가 이처럼 발전할 수 있었던 비결은 맵고, 짜고, 신선하면서도 독특한 24종의 맛을 내는 '레시피'에 있다.

    그에 비해 광둥 요리는 사람과 식재료의 한계 때문에 똑같은 레시피의 같은 맛을 내는 요리를 만들어내지 못한다. 쓰촨 요리는 뚜렷한 개성과 독특한 '레시피'를 가지고 있어서 24종의 맛 속에 모든 것들이 다 포함되어 있기 때문에 어디서나 변함없이 구현할 수 있다. 바로 이 점에 착안하여 도대체 대만 요리 레시피는 무엇일까 하는 고민을 하기 시작했다.

레시피를 언어에 비유한다면, 대만의 맛을 구성하는 자음과 모음은 무엇일까? 우리 모두가 알고 있는 대만의 절인 채소는 매우 맛있다. 하지만 왜 그렇게 맛있는 걸까? 어떤 논리와 구조는 없을까?

내가 하고 싶은 일은 바로 대만의 맛을 내는 독특한 원소와 정체성을 구축하는 것이다. 대만의 맛 DNA를 구축하여 쓰촨 요리처럼 대만 레시피 공식을 그 어떤 식재료에도 적용하여 대만의 맛을 세계 각국에 널리 알리는 것이다. 나는 이것이 대단히 의미 있는 일이라고 생각한다.

가령 소금, 질감, 기억, 순수, 풍토, 남부, 공예, 독특함이 내 요리의 핵심이라면, '대만 레시피'는 바로 대만의 맛의 핵심이 될 것이다. 이 대만 레시피를 완성한다면 각기 다른 대만의 맛을 조합하여 발전시킬 수 있으며, 대만의 맛을 재창조하고 전승할 수 있다. 또한 요리 실습생들이 구체적인 대만 요리 방정식을 학습할 수 있다.

나에게 가장 중요한 인생철학이 무엇이냐고 묻는다면, 나는 '단순'이라는 한 글자로 답할 것이다. 우리의 인생은 유한한데, 어떻게 이 세상의 모든 것을 알 수 있겠는가? 예컨대 나는 요리에 파프리카를 사용한 적이 없다. 파프리카로 어떻게 요리를 만들어야 할지 모르기 때문이다.

나는 그저 시장에서 가장 익숙한 식재료를 사 와서 내가 가장 자신 있는 요리를 만든다. 사용하지 않은 것들은 끝까지 외면해도 아무 상관 없다. 인생도 마찬가지다. 이 세상의 모든 것을 알고 경험할 수는 없다.

이는 취사선택의 과정으로서 우리는 여기서 점차 자신의 본질을 깨달을 수 있다. 설령 이 세상 모든 것을 경험할 수는 없지만, 지금 가진 자원을 최대한 활용하여 최고의 인생길을 찾아낼 수 있다. 그 길을 선택하면 끝까지 완주해야 한다.

내가 처음 요리를 배우기 시작했을 무렵에는 100가지도 넘는 식재료를 이용해서 요리를 만들었다. 그러나 점차 내가 가장 자신 있는 요리가 무엇인지 알고 나서는 식재료를 취사선택하기 시작했다. 그리고 나이가 들면서 요리에 활용하는 식재료의 숫자도 점점 줄어들고 있다.

가장 자신 있는 인생길에 집중하지 못하고 다른 인생길은 어떤지 기웃거리기만 한다면 어떻게 될까? 한마음으로 집중하지 못하는 사람은 자신을 위해 모든 것을 내던질 수 없다. 온 힘을 다해 가장 좋은 것을 쟁취할 수 없으며, 심지어 지금이 길이 내 길인지조차 알 수 없다.

그래서 나는 내 요리에 새로운 식재료를 추가하지 않는다. 내 인생길에도 샛길은 없다. 불필요하고 잡다한 일에 귀중한 시간을 낭비하고 싶지 않기 때문이다. 나는 그저 지금 하는 일

가장 나다웠던 인생의 한 페이지

을 좀 더 훌륭하게 완성하는 데 모든 것을 집중한다.

인생은 요리와 같다. 당신이 가장 잘 아는 식재료를 선택해서 당신이 가장 자신 있는 요리를 만들어내면 된다.

좌절에 부딪혔을 때는 회의감에 빠져 자신에 대한 의구심이 들기 마련이다. 때로는 '나 자신이 진정으로 원하는 것이 무엇인지 몰라서' 회의감에 빠지기도 한다. 자신이 원하는 것을 정확하게 파악한다면 자신의 목소리에 귀 기울이고 자신이 원하는 일을 끝까지 해나갈 수 있다.

나의 갈망

부모님에게 인정받고 싶다

▼

나의 곤경

사회적 가치관과 내면의 괴리감

▼

나의 신념

사랑을 출발점으로 삼는다

———

지금 상황에서
벗어나고 싶은
당신을 위해

—

"사랑은
가장 큰 힘이라는 것을
믿는다."

CC
인생지도사

돈을 많이 벌면
행복할 줄 알았다

—

　나는 가족 간의 애정 표현이 지극히 인색한 가정에서 자랐다. 그래서인지 '사랑'이라는 단어 자체가 거북스럽기만 하고, 마치 공기 속에 섞여서는 안 되는 이질적인 발음처럼 여겨졌다. 물론 '조건 없는 사랑'이란 것도 한 번도 느껴보지 못했다. 나의 삶에서 부모님에게 인정받았을 때는 항상 '조건'이 따랐다. 나를 대하는 부모님의 태도는 의도적이든 무의식적이든 항상 '거래'라는 느낌을 줬다. 예컨대 내 '품행'이 부모님의 '기대에 부합'했을 때만 칭찬받고, 인정받으며, 사랑받을 수 있었다.

　어린 시절 학업 성적은 평범하기만 했다. 선생님에게 가정통신문을 받은 날이면 집으로 돌아가기가 두려웠다. 나와는 반대로 학업 성적이 우수했던 언니는 학예회 무대의 진행을 도맡았고, 선생님의 사랑을 독차지하는 모범생이었다. 설상가상으로 나보다 일곱 살이 어린 남동생의 탄생은 내가 제아무리 노력해도 엄마의 관심과 사랑을 받을 수 없다는 절망감을 안겨줬다. 엄마는 어린 남동생의 사소한 몸짓 하나에도, 개발새발 그려놓은 생일 축하 카드 한 장에도 마치 귀중한 보물을 얻은 것처럼 기뻐했으니 말이다.

어쩌면 이런 이유로 열다섯 살에 외국 유학의 기회가 주어지자 나는 일말의 망설임도 없이 캐나다로 향했는지 모른다. 그리고 그곳 고등학교에서 3년간 열심히 노력한 끝에 명문 대학교에 합격했다. 그제야 나는 부모님으로부터 이제껏 한 번도 받아보지 못했던 인정을 뒤늦게 받았다. 부모님은 '마치' 나를 자랑스럽게 여기는 듯 보였다.

대학 졸업 후 나는 북미 지역에서 부동산 사업을 크게 키웠다. 그제야 아버지는 더할 나위 없이 자랑스러워하며 어디를 가든 내 '성공'을 입에 침이 마르도록 자랑하기 시작했다.

이러한 환경에서 자란 나는 '품행이 기준에 달해야만 인정받고 칭찬받는다'라는 공식에 익숙해졌다. 사랑과 인정에는 늘 조건이 따라붙었고, 나는 반드시 부모님의 가치관에 부합되어야 칭찬받을 수 있었다. 이것은 사회생활에서 '돈과 사회적 지위가 있어야만 사람들에게 존중받을 수 있다'라는 공식을 심

가장 나다웠던 인생의 한 페이지

어쳤다.

그러나 시간이 흐르면서 나는 조건부 공식이 오래 지속되지 못할뿐더러 지극히 주관적이고 불합리하다는 사실을 깨달았다. 게다가 내 삶을 더욱 각박하게 만든다는 것도 말이다.

돈은 나의 삶에서 매우 중요한 위치를 차지했다. 엄마는 어릴 때부터 "여자도 돈이 있어야 자립할 수 있다" 혹은 "무조건 남편에게 의지해서는 안 된다"라는 말을 입버릇처럼 강조하셨다. 나 역시 돈이 없으면 일상생활이 얼마나 불편한지 자주 느끼곤 했다. 예컨대 학원비를 달라고 하면 엄마는 "아빠에게 달라고 해!"라고 말씀하셨고, 반면에 아빠는 "엄마가 꿍쳐둔 쌈짓돈이 있을 거다"라며 서로 시소게임을 하듯 미루는 바람에 학원비를 제때 내지 못할 때가 많았다.

그림 그리기를 좋아하던 나는 종종 책갈피 사이에 백지를 끼워 넣어 남몰래 그림을 그리곤 했다. 그럴 때마다 부모님은 어김없이 내 뒤통수를 휘갈기며 꾸짖었다. "그림쟁이 돼서 굶어 죽으려고? 피카소도 죽고 나서야 유명해졌다는 거 알고는 있니?"

그럴 때마다 나는 이런 생각을 했다. 정말 돈이 그토록 중요한 걸까? 사실 돈으로 인해 빚어지는 불안한 집안 분위기를 나는 적잖이 경험했다. 그래서일까? 따지고 보면 나는 돈에 대해 특별한 욕심이 없다. 그러나 바로 이러한 집안 환경의 영향으로 내 잠재의식 속에서 돈의 중요성은 점점 커져만 갔다.

'돈을 잘 벌어야 효자, 효녀이다'라는 생각이 머릿속에 박힌 것이다. 물론 경제적으로 풍요로우면 모든 일이 순조롭게 풀리는 건 사실이다. 사회생활을 시작하면서부터 이른바 돈이 최고라는 지극히 세속적이고 편협한 사고방식에 한층 더 젖어 들게 되었다. 내 속마음과 어긋나는 가치관이었지만 말이다.

생존을 위해, 그리고 일상생활을 꾸리기 위해, 스물다섯 살부터 서른다섯 살까지 약 10년 동안 나는 단 하나의 인생 목표만을 바라봤다. 바로 매달 3만 5천 달러를 버는 것이었다. 10년 동안 나는 매일 머리를 굴렸다. 어떻게 하면 빈둥빈둥 놀면서도 월 3만 5천 달러를 벌 수 있을까 하고 말이다. 적어도 그 정도는 벌어야 아무런 근심 걱정 없이 살 수 있을 것이라고 굳게 믿었다.

"돈에 대한 갈망은 인간의 자유로운 영혼을 점차 갉아먹는다. 이러한 집착은 삶의 행복들을 빼앗아간다."

내가 원하는 것은
돈이 아니었다

—

어릴 때부터 언니와 남동생 사이에 치이며 자라다 보니 역설적으로 나는 꽤 친화력이 좋은 사람이 되었다. 덕분에 사회에 나가서 친구들을 쉽게 사귈 수 있었다. 다행스럽게도 나는 여러 명의 인생의 멘토를 만나는 행운을 얻었다. 내가 본받고 싶은 롤모델이 나타날 때마다 나는 용기를 내어 필사적으로 매달렸다. 그들로부터 "좋아요, 성공의 비결을 가르쳐주죠"라는 대답을 들을 때까지.

그렇게 인생의 멘토를 찾아다니며 성공 비결을 배우기를 거듭한 덕분인지 2015년 무렵에 이르러서는 월수입 3만 5천 달러의 고소득자가 될 수 있었다. 하지만 어느 멘토와 교류하는 동안 내 삶에 큰 부분을 차지하던 돈의 중요성은 뿌리부터 균열이 생겼다. 돈에 대한 모든 신념이 흔들리기 시작한 것이다. 그리고 나는 인생에서 가장 중요한 문제에 직면했다. "돈도 중요하지만 나 자신의 '내재적 가치관'에 충실한 것이 더 중요하지 않을까?" 하는 의문이었다.

그 멘토를 처음 알게 된 것은 어느 강연회에서였다. 강연은 불과 1시간이었지만, 그가 무대에서 내려왔을 때는 청중들 사이에서 태풍이 휘몰아치는 듯한 엄청난 반응이 일어났다. 수많은 사람들이 그를 겹겹이 에워쌌다. 사실 그의 돈 버는 능력은 비현실적일 만큼 과장되어 있었다. 그의 행동, 학력, 일 처리 능력 모두 사람들이 혀를 내두를 정도로 완벽해 보였다. 단 3명의 직원이 전부인 작은 회사가 30명이 달려들어야 가능한 펀드를 조성했으니 말이다. 나는 사람들로 겹겹이 에워싸인 포위망을 간신히 뚫고 그에게 다가가서 겸손하게 말했다.

"당신의 명함 한 장 주실 수 있나요?"

그는 점잖은 신사처럼 진지한 표정으로 이렇게 대답했다.

"미안하지만 당신이 진짜 전화를 걸까 겁나서 오늘은 명함을 가져오지 않았답니다."

그러고는 성큼성큼 자리를 떠났다. 순간 나는 멍하니 그 자리에 얼어붙고 말았다. 도대체 무슨 대답이 저렇담?

물론 그렇다고 포기할 내가 아니었다. 나는 그를 찾아낼 방법을 찾기 시작했다. 문득 그가 강연 중에 자신의 작은아들이 국제포커대회에서 상위권에 들었다는 말이 떠올랐다. 신문을 찾아보면 관련 뉴스가 있지 않을까?

그러한 노력 끝에 마침내 나는 그의 사무실을 찾아내는 데 성공했다. 그리고 1년 만에 그는 사업상 나의 중요한 멘토가 되었다. 그와 알고 지낸 지 거의 3년이 되어가던 무렵 우리는 부동산 투자 협력안을 마련했다. 투자자들의 위험부담을 분산시키고, 안정적인 수익을 보장하고, 회사의 영업 이윤 배당 등을 담은 협력안이었다.

2015년 이후 미국의 부동산 시장은 크게 과열되어 투자자들의 수익률이 점차 낮아지는 시기였다. 어느 날 멘토가 갑자기 전화를 걸어와 펀드 담보대출을 줄이고 서둘러 부동산 시장에서 손을 떼라고 말했다. 부동산 시장의 미래가 낙관적이지 않다고 판단했기 때문이다. (멘토는 실로 대단한 사람이었다. 2008년부터 2009년 미국 투자은행 리먼브러더스 사태로 미국의 경제가 침체기에 접어들기 2년 전에 그는 마치 예견이라도 한 듯 이미 투자금을 모두 회수했다. 그리고 부동산 시장이 회복되기를 기다렸다 다시 투자에 나섰다.)

이것은 투자자의 수익에 직접적인 영향을 미치는 중대한 일이었다. 나는 투자자 한 사람 한 사람에게 전화로 연락해서 상황을 설명하려면 시간이 걸리니 한두 주일 뒤에 다시 논의해

보자고 말했다.

그런데 멘토는 불과 사나흘 만에 업무 진척도를 살펴보기는 커녕 사전 예고조차 없이 모든 투자금을 투자자들에게 송금했다. 이자는 송금 날짜까지만 계산한다는 통보와 함께 말이다. 멘토가 아무런 설명도 없이 독단적으로 강행한 탓에 수많은 투자자들은 하루아침에 주머니의 돈이 절반 이상 빠져나간 셈이었다.

나는 그야말로 경악할 지경이었다. 이는 신용과 관련된 매우 중요한 문제였다. 하루아침에 투자자들의 신뢰를 잃는 중대한 결정에 나는 속수무책일 수밖에 없었다. 이러한 결정은 사실상 멘토가 자신의 수익을 보장하기 위한 하나의 방편에 불과했다.

나는 그동안 '신'처럼 떠받들던 멘토에게 크게 실망하면서 나 자신을 되돌아보았다. 멘토의 돈을 벌어들이는 능력은 의심할 여지가 없었다. 그는 여전히 내가 숭배해 마지않는 뛰어난 능력자였다. 그러나 나는 진심을 주고받을 수 없는 사람과 더 이상 협력 관계를 지속할 수 없었다.

그해 멘토가 해마다 연례행사처럼 개최하는 파티에 초대받았을 때도 오랜 고민 끝에 참석을 거절했다. 사람들은 대체로 그의 초대를 거절하는 법이 없었기에 멘토는 매우 의아해하며 내게 특별히 전화를 걸어 왔다. 그는 지난번 투자금 회수에 관해 사과하며 이전보다 훨씬 좋은 협력 조건을 제시했다. 그러나 나는 그마저도 거절했다.

그 당시 나는 내가 세웠던 은퇴 목표에 이미 어느 정도 근접해 있었다. 하지만 아무리 돈이 중요하다고 해도 이렇게 인생을 살아서는 안 된다는 생각이 들었다. 비즈니스 업계의 이익 협상에 대한 내 마음은 매우 모순적이었다. 오로지 이익만을 최우선으로 둘 때 이익을 추구하는 방향이나 생각이 다르면 모든 관계가 깨지고 만다.

이것은 서구의 비즈니스 업계에서 자주 나타나는 현상이기도 하다. 아시아 국가 사람들은 자신과 반대 견해의 사람들에 대해서는 모호한 입장을 취하며 은밀한 모략을 일삼는다. 반면에 서구의 사람들은 그야말로 화끈하게 포기하고 모든 관계를 끊어버린다. 서구의 비즈니스 업계에서 소송이 끊이지 않는 이유이기도 하다.

나는 차츰 명확하게 이해하기 시작했다. 나약한 인성과 이익을 기반으로 비즈니스 관계를 맺으면 오로지 돈 때문에 사람들을 만나고 또 돈 때문에 헤어진다는 이치를 깨달았다. 그렇다면 '인성'은 어떻게 해야 바꿀 수 있는 걸까?

우리는 모든 사람들에게 성모마리아와 같은 덕과 관용을 요구할 수는 없다. 돈 앞에서도 인성이 바뀌지 않을 사람을 100명 중에 단 한 명이라도 찾을 수 있다면 그것만으로도 매우 대단한 일이라고 할 수 있다. "정직은 아주 비싼 재능이다. 싸구려 인간들에게는 기대하지 말라"는 투자의 달인 워런 버핏의 말처럼.

이러한 일을 겪고 난 뒤에야 나 자신이 결코 돈을 중시하지 않는다는 사실을 깨달았다. 내가 중시하는 것은 사람에 대한 신뢰와 진심 어린 감정 교류이며, 이것이야말로 사람과 사람을 이어준다.

비즈니스 업계에서 황금만능주의에 사로잡힌 채 이익 교환을 최우선시하며 사는 것은 내가 원하는 인생이 아니었다. 이러한 경험은 이성적으로나 영적으로 나를 각성시켰다. 그로부터 1년 뒤 나는 미국의 비즈니스 투자업계에서 10여 년간 쌓은 경력을 과감하게 내려놓았다. 그러고는 나 자신을 좀 더 깊이 알기 위한 자아 탐색에 나섰다.

나는 내면적으로 인생에 대해 보다 깊이 생각해볼 필요가 있었다. 도대체 나에게 가장 중요한 것은 무엇일까? 나는 어떤 삶을 원하는 걸까? 인생이란 뭘까? 나 자신이 '돈의 속박'에서, 또 사회적 가치관의 속박에서 벗어나고 싶어 한다는 사실을 잘 알고 있었다. 그러기 위해서는 부모님의 기대를 만족시키려는 의무감을 벗어던져야 하고, 세상 사람들의 이목에서도 자유로워져야 했다. 그런데 어떻게 해야 한단 말인가? 게다가 돈 없이 잘 살아갈 수 있을까?

내버려두니
자연스럽게 이루어졌다

—

인생의 과제 앞에서 길을 잃은 듯한 느낌에 빠졌을 때 마이클 싱어(Michael A. Singer)를 알게 됐다. 그가 자신의 실험적인 삶의 이야기를 기록한 《될 일은 된다(The Surrender Experiment)》는 나에게 새로운 인생의 문을 열어줬다.

마이클 싱어는 스무 살 때부터 일상생활 주변의 사람과 사물에 '복종'하는 삶의 원칙을 세웠다. 즉, 삶의 사실적 흐름에 복종하며, 그 자연스러운 삶의 흐름이 가져다주는 것에 최선을 다하며 사는 것이었다. 그는 누군가에게 도움이 되는 일이라면 "예"를 외치며 복종했다.

그렇게 삶이 가져다준 일을 성실하게 하다 보니 소프트웨어 회사를 세우고, 더 나아가 전국적인 기업의 CEO가 되었다. 삶의 흐름에 복종하다 보니 자신도 모르는 사이 대기업의 사장이 된 것이다. 나는 사회적 명예나 이익을 좇는 데 급급하지 않아도 이처럼 성공적인 인생을 만들어낼 수 있다는 사실에 놀랐다.

나는 이때부터 삶의 흐름에 복종하는 연습을 시작했고, 지금까지 이어오고 있다. 그 과정에서 이러한 복종이 '아무것도 하지 않으면서도, 이루지 못할 일이 없다'라는 노자의 '무위이무소불위(無爲而無所不爲)' 사상과 비슷하다는 사실을 깨달았다.

노자는 소의 등에 거꾸로 앉은 채 소가 이끄는 대로 전국을 두루 돌아다녔다. 나는 노자의 이야기를 읽고 문득 이런 생각을 했다. 그동안 아등바등 노력하며 내 의지대로 살아왔지만 결국은 오랫동안 하던 일을 내동댕이치고 말았다. 그렇다면 이러한 복종 실험대로 무엇이든 "예" 하며 일궈가는 인생은 과연 나를 어디로 데리고 갈까?

무릇 '서프라이즈(surprise)'는 사전에 예고 없이 갑작스럽게 찾아오는 것이다. 그렇지 않으면 '서프라이즈'라고 할 수 없지 않은가? '복종'해서는 진취적이지도 않고 별다른 성과도 이루지 못한다고 오해하기 쉽다. 하지만 실제로는 '자기 한계'를 벗어나 새로운 세계로 도약할 수 있게 해주는 마법과 같은 것이다.

나는 마이클 싱어의 또 다른 책《상처받지 않는 영혼(The Untethered Soul)》을 연달아 읽어 내려갔다. 이 책은 내가 진정으로 영적 성장을 이룰 수 있는 중요한 정신적 토대가 되었다. 이 책을 통해 우주를 더 큰 눈으로 바라볼 수 있게 되었기 때문이다. 모든 인간과 사물은 통제할 수 없으며, 또 인간이 간섭하거나 지배해서도 안 된다는 이치를 깊이 깨달았다.

지구는 수십억 년 동안 진화해왔다. 본래는 딱히 정의할 필요도 없고, 특별하지도 않은 자연적인 변화였다. 하지만 모종의 사건들이 우리의 신체 감각기관을 거치면서 자신도 모르게 모종의 주관적인 평가와 비판을 하기 시작한 것이다.

우리는 경험하는 사건 하나하나마다 각양각색의 꼬리표를 붙인다. 그리고 바로 그 꼬리표가 정의한 생각에 따라 유쾌하거나 불쾌하거나, 혹은 좋아하거나 싫어하는 감정들이 생겨난다. 나 자신을 언제나 즐겁고 유쾌한 상태로만 유지하려고 애쓰면서, 불쾌한 상황이 일어나지 않도록 모든 외부 환경을 통제하려 한다면 어떨까? 오직 외부 환경에만 연연하다 보면 자신도 모르는 사이 내면의 에너지와 평온함을 잃게 된다.

인간은 감각기관에 의한 속박을 받는다. 하지만 나는 그 감각기관의 속박에서 벗어나고 싶었다. '반응을 일으키는 것'을 멈출 수 있다면 단순한 느낌에 불과하다. 또한 사건마다 꼬리표를 다는 것을 멈춘다면 단순하게 살아갈 수 있다.

그렇다면 아무런 조건도 없고, 언제 어디서나 만족감을 느낄 수 있는 경지에 도달할 수 있을까? '품행이 기준에 달해야만 인정받고 칭찬받는다'라는 공식을 깨뜨릴 수 있을까? 나는 내 동력을 구속하는 것들을 하나씩 하나씩 벗겨내는 연습을 하기 시작했다.

나는 스스로 되묻곤 했다. '지금 이 순간 나는 왜 이 일을 하는 걸까? 내면의 동력은 무엇일까?' 나는 내 행동과 사고를 만들어내는 모든 근원을 이해하고 싶었다.

지난 40여 년 동안 만들어진 나를 내려놓고 싶었다. 모든 속박에서 철저하게 벗어나 조건 없는 사랑을 느끼고, 또 나누고 싶었다. 언제 어디서나 조화로움을 느끼며, 아무런 근심 걱정 없이 자유롭게 비상하고 싶었다. 나의 가장 어린 시절로 돌아가 모든 사물에 신기함과 기쁨을 느끼고, 깡충깡충 뛰고, 땅을 구르고, 하늘을 날고 싶은 생각이 들었다. 가장 순진무구하고, 세상의 짐이라곤 하나도 짊어지지 않았던 그 시절의 나로 돌아가고 싶었다.

나는 계속해서 깨달음을 이어갔다. 나는 누구인가? 내가 추구하는 삶은 무엇인가? 생명의 의미는 무엇인가? 내 존재는 무엇을 의미하는가? 나는 종종 이런 생각을 했다. 내가 살아 숨 쉬는 증거로 탄소 흔적을 남기는 것 이외에 내가 진정으로 남길 수 있는 것이 무엇일까?

그 결과 지난 5년간 침잠의 시간은 헛되지 않은 결과를 가져다줬다. 나는 수많은 인생의 이치를 깨달았고, 또 앞으로 40년 동안 수많은 영혼, 그것이 사람이든 동물이든 큰 감동을 전해야겠다는 목표를 얻었다.

삶이 가져다주는 것에
"예"라고 외쳤다

—

이즈음 내 인생에 가장 큰 영향력을 미친 멘토 존 부처(Jon Butcher)를 언급하지 않을 수 없다. 그는 이른바 '성공한 사람'에 대해 새로운 정의를 내린 인물이다. 억만장자일 뿐만 아니라 건강한 신체에 참신한 사고를 가진 그는 건강하고 균형 있는 인생을 살았다. 처음 만났을 때, 그는 아내의 손을 잡고 맨발인 채로 미술관 같은 집 대문 앞에서 샴페인과 미소로 나를 맞이했다.

존은 인생을 12가지 중점 항목으로 나누었다. 건강, 지혜, 정서, 인격, 영성, 우정, 가정, 애정, 돈, 직장 생활, 삶의 질, 정신적인 목표가 그것이다. 그가 만든 라이프북(Lifebook)이라는 앱은 인생 목표를 논리적이고 계획적으로 수행할 수 있도록 크고 작은 카테고리가 마련되어 있다.

우리는 어릴 때부터 이성적이고 과학적인 사고방식을 교육받았다. 지금 돌이켜보면 과거에 조직적인 인생 계획을 통해 무엇을 얻을 수 있는지 경험했다. 그래서 완전한 '맹목적 복종' 방식으로 새로운 인생에 도전할 수 있었는지도 모른다. 나는 존을 통해 마음을 가라앉히는 정좌 명상을 접했다. 또한 그의 딸 덕분에 요가에 관심을 두기 시작했다. 그리고 라이프북을 통해 마이클 싱어의 책을 만났다. 내 인생에 큰 의미와 우정을 가져다준 존에게 평생토록 고마움을 느낄 것이다.

인생에 대한 나의 '맹목적 복종'은 2017년부터 시작되었다. 나는 수많은 기회와 학습에 무조건 "예"를 외쳤다. 요가 강사와 명상 강사 자격증을 따고, 각종 에너지 치료법과 애니멀 커뮤니케이션(Animal Communication)을 배웠다. 그 과정에서 나는 '자아'를 한쪽에 내려놓고 타성에 젖은 나의 내면의 목소리, 오랜 세월 습관이 밴 행동 방식에 구속받지 않고, 또 모든 간섭에서 벗어나 더욱 넓은 인생을 실현하는 법을 터득했다.

이는 '양자역학'을 생활에 응용한 것에 비유할 수 있다. 당신이 한 가지 목표를 세우면, 양자역학은 당신이 세운 방식대로 목표를 실현하게 된다. 우리의 인생 역시 타성에 젖은 사고방식으로 인해 뜻밖의 서프라이즈는 극히 제한적으로 나타난다.

그래서 '예외'적인 일을 이루기 어렵다.

'맹목적 복종'의 인생을 실천하는 과정에서 굳은살처럼 박여 버린 개인적인 기호를 벗어던지고, 또 사람과 사물에 대한 집착도 버리는 연습을 했다. 예기치 못한 뜻밖의 기쁨이 찾아오기를 소망하며 우주의 무한한 가능성을 향해 "예"를 외쳤다. 사람들에게 해로움을 끼치지 않고 그들에게 도움이 되는 모든 요구 사항이나 기회에 대해 나는 무조건 "좋아요"라고 흔쾌히 수락했다.

이러한 복종 실험은 참으로 즐거웠으며 내 인생에 커다란 전환점을 가져왔다. 인간은 하늘과 땅 사이에서 살아간다. 이 하늘과 땅은 우리가 통제할 수 있는 것들이 아니다. 이 세상의 모든 것, 바이러스가 어떻게 변화하는지, 다른 사람들은 무슨 말을 하는지…… 이러한 모든 것들은 내 힘으로 통제할 수 없다.

스토아학파는 모든 에너지를 통제 가능한 사물에 쏟아부으라고 주장했다. 그렇다면 내가 통제 가능한 것은 무엇일까? 그것은 오로지 나 자신뿐이다. 우리는 자신을 좀 더 나은 사람으로 바꿀 수 있고, 자기 인생의 주인이 될 수 있다.

"당신이 세상에서 보고 싶은 변화가 되어라."

나는 마하트마 간디의 이 말을 끊임없이 새기며 나 자신을 채찍질했다. 세상을 바꾸고 싶다면 먼저 자신부터 변화시키라는 뜻이다. 나 자신을 보다 나은 사람으로 바꾸기 위해 노력할 뿐 타인이 바뀌기를 요구하거나 바라지도 않았다. 외부적인 요인을 탓하며 원망도 늘어놓지 않았다. 나 자신에게 충실하며 자신을 변화시키는 데 최선을 다하자! 모든 사람들이 그렇게 한다면 이 세상도 변하지 않겠는가?

우리 모두는 긍정적으로 누군가에게 영향을 미치고, 또 변화시킬 수 있다. 그 누군가는 당신의 배우자나 부모, 혹은 회사의 사장이 아니다. 바로 나 자신이다.

온 우주가
나를 도와주게 하려면

—

    요가와 명상을 배우면서 나는 고대 인도 힌두교 경전의 하나인 《바가바드 기타(Bhagavad Gita)》를 접했다. 이 책은 1천 년 전 인도에서 내전이 일어났을 때의 이야기를 담고 있다. 어느 추방당한 왕자가 시대적 상황과 자신의 직책 때문에 고향 땅을 공격하여 가족들을 죽여야 하는 비극적인 상황에서 일어나는 내면의 갈등을 다루고 있다. 이 경전은 왕자와 신(神)의 대화로 이루어져 있는데, 인생과 우주에 대한 심오한 지혜로 가득 차 있다. 나는 인생에 대한 의문이 생길 때마다 이 책을 처음부터 반복해서 읽는다.

    책 속에서 왕자는 채찍을 휘두르며 군마를 타고 전쟁터로 향하지만 그의 마음속에는 갈등과 의혹으로 가득 차 있다. 여기에서 왕자는 인간의 의식, 채찍은 인간의 목적의식, 말은 인간의 육신을 상징한다. 왕자는 자신의 목적의식에 따라 군마를 몰아야 하며, 말이 전장에서 멋대로 날뛰게 해서는 안 된다.

우리 인생도 마찬가지다. 내 감각기관이 일상생활의 모든 것을 제멋대로 통제하고 이끌고 가게 해서는 안 된다. 《바가바드 기타》는 우리에게 좋고 나쁨, 성공과 패배, 영광과 치욕, 추위와 더위 등 이원적 대립 구도의 사물을 평등하게 대하는 방법을 가르쳐준다. 즉, 내면의 자아를 내려놓고 외재적인 사물에 복종하며 감각기관의 욕망에 집착하지 않도록 해준다.

신은 인간에 대해 아무런 분별심이 없으며, 태양은 지구의 구석구석을 골고루 비춰준다. 지구 또한 무수히 많은 생명체를 차별 없이 품고 있다. 반면 인간은 감각기관의 탐욕으로 각종 집착과 헛된 생각을 품고 자신을 고통과 파멸로 몰아넣는다.

우리가 내뱉는 사랑은 주관적인 느낌이다. 우리가 "사랑합니다"라고 말할 때, 그 말의 심층적인 의미는 "당신이 나에게 준 느낌을 사랑합니다"이다. 반면 자기의 존재를 잊는 '무아(無我)'의 경지에서 사랑은 끝없는 에너지이며, 눈으로 볼 수도 말로 표현할 수도 없는 크나큰 '합일(合一)'의 느낌이다.

엄마가 이제 막 태어난 갓난아기를 품에 안고 있을 때를 상상해보자. 열 달 동안 품은 아기가 태어나면서 한 몸에서 둘로 나뉜 것인데, 엄마는 아이를 보는 순간 조건 없는 사랑을 느낀다. 《바가바드 기타》에서는 사랑의 본질을 '합일'이라고 한다. 둘로 나뉘기에 비로소 사랑이 생기고, 또 하나가 되고 싶은 갈망이 생기는 것이다.

정좌 명상이나 죽음의 문턱까지 가는 빈사 체험, 혹은 영적인 깨달음을 통해 우리의 영혼이 이른바 조물주, 하느님, 신 등과 연결되어 있다는 것을 깨닫는다. 이것이 '조건 없는 사랑'의 느낌이다. 사랑은 인류의 의식 중에서 가장 많은 부분을 차지한다. 인류가 진정한 화합을 이루려면 반드시 사랑의 본질로 돌아가야 한다. 이러한 '조건 없는 사랑'을 느낄 수 없다면 먼저 이성적인 깨달음부터 시작해도 된다.

분리와 합일은 얼핏 정반대의 이원적 대립인 것 같지만 실제로는 하나라고 할 수 있다. 어둠이 있기에 밝음이 있는 것처럼 분리가 있으므로 합일이 있다. 우리는 외재적인 이원적 대립의 꼬리표를 내려놓아야 한다.

예컨대 어둠을 싫어하고 밝음만을 원한다고 가정해보자. 이처럼 둘 중의 하나만을 원하는 것은 그 꼬리표 뒷면의 또 다른 분신을 거부하는 것과 다름없다. 우리는 민족이나 종교, 계층을 나눌 필요가 없다. 우리 모두가 지구에 사는 지구인이고,

또 지구는 우주의 일부이지 않은가?

인간은 다차원적인 동물이다. 인간의 사유(思惟)는 우리 자신의 생물학적 메커니즘에만 영향을 미치는 것이 아니라 체내 및 체외의 에너지에도 영향을 미친다. 인간은 에너지를 통해 지구 전체에 영향을 미칠 뿐만 아니라, 더 크게는 무한한 다차원적인 우주에까지 영향을 미친다. 양자역학의 관점에서 봤을 때, 우리의 사유는 양자의 반응에 즉각적인 영향을 미친다. 마치 우리의 일부분처럼 시간이나 공간의 제약을 받지 않는다.

생각은 우리의 정서적 변화나 느낌에 즉각적인 영향을 미친다. 그래서 끝도 없는 욕망으로 갈증을 느끼거나 혹은 울거나 웃는다. 생각은 인체 내 에너지의 맥박으로서 세포와 신경을 통해 전송된다. 인류의 단체 의식과 에너지 역시 같은 이치로 전체 우주까지 전달된다.

인간이 자신의 의식을 제한하면 물질적인 관점에서만 삶을 바라보게 되고, 인간과 세계를 분리하게 된다. 가령 당신의 육체와 나는 분리되어 있다. 당신은 당신이고, 나는 나다. 그러나 에너지와 양자역학의 관점에서 봤을 때 우리는 서로 연결된 하나라는 사실을 알 수 있다. 우리가 지나치게 이성적 사고에 의존하며 '나'라는 출발점에서 모든 것을 사고하고 바라보는 습관 덕분에 이 세상이 지금의 모습으로 변한 것이다.

이러한 이치를 이해한다면 우리는 언제 어디서나 '자아 중심적' 사고에서 벗어나라고 일깨울 수 있다. '우리는 모두 하나'이고, '사랑'을 출발점으로 삼는다면, 나 자신이 사랑의 작은 입자가 되어 인류와 지구가 가장 자연적인 화합을 이루는 데 이바지할 수 있다. 물론 '자아 중심적' 사고에서 벗어나는 것이 말처럼 쉽지 않다. 하지만 차츰차츰 연습해나간다면 지구 전체의 화합을 끌어낼 수 있다.

"세상 사람들이 명예와 이익을 좇는 데 급급한 것은 사랑에 대한 갈망 때문이다."_《바가바드 기타》

내가 할 수 있는 일을
열심히 하려고 했다

—

나는 어릴 때부터 다른 사람을 돕는 데서 보람을 느꼈다. 그래서 '사람과 동물을 포함한 천만 개의 영혼에게 감동을 주는 것'은 내 염원이기도 하다. 천만 개의 영혼은 상징적인 숫자일 뿐 나는 질적인 내용을 더 중요하게 여긴다. 10만 명의 청중 앞에서 강연하든, 아니면 단 한 사람과 깊이 있는 대화를 나누든 상관없다.

사랑을 출발점으로 삼아서 하나의 영혼과 접촉하는 것은 내 인생에서 매우 특별한 의미이자 서로의 인생을 풍요롭게 만드는 하나의 과정이다. 자신의 좋은 점을 좀 더 향상해서 영혼이나 의식이 지속해서 발전할 수 있도록 도와주는 것은 내 존재

이유이기도 하다.

2021년 코로나바이러스 감염증이 한창 대만을 휩쓸 즈음, 나는 4명의 뛰어난 공동 저자들과 함께 공익적 성격의 책을 출간했다. 이는 실로 매우 의미 있는 일이었다. 책을 출간하기까지 나는 처음 만난 사람들과 연락하고, 약속하고, 거절당하기를 여러 번 반복했다.

여러 해 동안 내면의 수련을 닦은 덕분에 나는 무슨 일인가를 할 때는 항상 '어떻게 실행할 것인가'에 집중한다. 어쩌면 내면에서 이런 작은 의구심의 목소리도 들렸을 것이다. "그 사람이 거절하면 어떡하지?", "내가 뭐 대단한 사람도 아닌데 나랑 함께 책을 만들까?" 지금 돌이켜보면 그러한 의구심의 목소리를 나는 그저 웃으며 한 귀로 흘려들었던 것 같다.

사실 이것은 매우 중요한 자기 수련이라는 사실을 깨달았다. 내면에서 불현듯 솟구치는 의구심의 목소리를 한 귀로 흘려듣고 외면할 수 있어야 한다. 하나의 목적의식이 생겼을 때 나는 '왜 이 일을 해야 하는가?'라는 의문을 품고 처음부터 끝까지 되돌아보는 법을 배웠다. 그 일이 허영심이나 명예, 이익을 얻기 위해서, 혹은 즉흥적인 마음과 같은 '자기중심적'인 관점에서 출발한 것인지를 살펴본다.

'자아의 이익'을 동력으로 삼으면 그 과정은 고통스럽기 마련이다. 왜냐하면 우리는 타인의 승낙이나 거절, 혹은 성공과 실패 등 타인의 반응에서 기쁨과 즐거움을 얻기 때문이다. 그러므로 자신의 정서가 외부세계의 조종을 받지 않도록 연습해야 한다. 지난 여러 해 동안 깊은 성찰과 자기와의 대화를 수련한 끝에 나는 어떠한 '목적의식'이 생길 때 곧바로 행동에 옮기지 않고 잠시 미루는 법을 터득했다.

먼저 그러한 목적의식이 어떤 출발점에서 생겼는지 살피며 '행동으로 옮기려는' 충동과 대화를 나눴다. 무엇이 그 행동의 원동력인지 파악하고 정리하는 과정이었다. 나는 애초에 어떤 마음이었는가? 나는 무엇을 얻으려고 하는 것인가? 이러한 질문을 통해 자신을 되돌아볼 충분한 시간을 주고, 그 출발점이 '사랑'인지를 확인했다. 그리고 확신을 얻은 뒤에야 어떻게 실행해야 하는지 혹은 정말로 실행하고 싶은지를 본격적으로 고민했다.

정확한 목표 아래 자기중심적인 사고가 아닌 '사랑'을 출발점으로 삼아서 세상의 흐름에 복종하며 추진하는 것이다. 이 책도 그렇게 탄생했다.

사랑을 출발점으로 삼으면 매우 큰 장점이 있다. 바로 결과가 어떻든 항상 즐거움과 희망으로 가득 차 있다는 점이다. 이 책을 쓰기로 한 이유는 사람들을 격려해주고 싶은 마음에서였다. 이 책으로 얼마나 많은 사람들이 힘을 얻을지, 혹은 도움을 받을지는 신에게 맡겼다. 일의 결과는 내가 통제할 수 있는 범위 밖에 있지 않은가?

나는 그저 책을 만드는 과정에서 훌륭한 공동 저자들이 이 작업에 참여할 수 있도록 진심과 사랑을 다해 노력할 뿐이었다. 어떤 이유로 거절을 당해도 나는 평정심과 즐거운 마음을 잃지 않았다. '더 나은' 공동 저자가 "예"라고 대답할 때까지.

이것은 매우 강력한 긍정적 신념이었다. 지난 수년간 내 인생 이야기는 바로 그러한 신념으로 만들어졌다. 나는 이미 '자기중심적' 욕망과 의지를 다해 하나의 인생 이정표를 세운 적이 있다. 그리고 그러한 인생에 무엇이 부족한지도 깨달았다. 이제 나는 '자기중심적' 생각에서 벗어나 무아와 복종, 사랑으로 새로운 인생의 경지를 만들려고 한다. 두 번째 신념은 첫 번째 신념보다 훨씬 좋다고 단언할 수 있다. 나는 당신도 그러한 인생을 만들라고 진심으로 격려하고 싶다.

이 책을 읽고 나서 오른쪽에 삶의 의문들을 써보라. 그리고 그것을 다시 한 번 읽어보라. 아마도 이 책을 통해 당신도 모르는 사이 내재적 역량과 깨달음을 얻을 것이다.

마음속에서 일어나는
의문들을 적어보자

당신의 삶은 의구심으로 가득 차 있는가?
그렇다면 지금 마음을 가다듬고 당신이 느끼는 의문들을 써보자.

....

....

....

....

....

....

....

....

....

더 나은 삶을
가져다줄
5개의 이야기

이 책은 내재적 역량의 시동을 거는 서곡이다. 5명의 저자들은 자신의 체험과 이야기, 그리고 삶의 관점을 통해 인생의 원동력을 탐색했다. 이들의 이야기는 당신이 더 나은 인생을 실현할 수 있도록 도와준다.

이 이야기에서 당신은 '내면의 소리'야말로 우리의 행동을 이끌어서 난관을 헤쳐나가는 역량이 된다는 사실을 알 수 있을 것이다.

장전청 :   포기하지 말라. 도중에 포기해서는 안 된다.

왕쥔카이 : 내 인생은 내가 결정한다.

CC : 우리는 누구나 긍정적인 사람이 될 수 있다.

류쉬안 : 당신의 마음을 믿어라. 그 마음을 사람들이 느낄 것이다.

자넷 : 나의 여러 가지 모습은 모두 사랑받을 가치가 있고, 소중하며 존중
받을 가치가 있다.

자신의 진정한 원동력을 찾는 것은 중요한 인생 과제이다. 나는 왜 이 일을 '원하는' 걸까? 하지만 당신이 '원하는' 일이 어쩌면 내면에서 진심으로 갈구하는 일이 아닐 수 있다. 예컨대 '돈을 버는 일'은 당신의 진정한 인생의 목적이 아닐지도 모른다. 단지 이 세상의 보편적인 가치관에 휩쓸렸을 뿐이다. 당신이 술을 마시고 싶다면 오랜 기간 익숙해진 신체의 습관 때문일 것이다. 이처럼 내면의 소리가 외부세계의 가치관과 다르다면 어떤 선택을 해야 할까?

나를 움직이는 것이
무엇인지를 알아야 한다

우리는 저마다 다른 환경에서 자라면서 무의식중에 무엇이 좋고 나쁜지 표식을 만들어낸다. 우리 모두는 사랑받고 인정받기를 갈구한다. 이로 말미암아 '가치관에 부합되는' 행동 양

식만을 따르게 된다. 1분 1초가 모여서 우리의 인생을 만들어 낸다. 자신의 내면 깊숙한 곳에 자리 잡은 원동력을 깨닫지 못하고 평생 시류에 휩쓸려 살아간다면, 우리의 인생이 너무 아깝지 않은가?

일반적으로 생존의 기본 조건을 갖추고 나면 인간은 사람과 환경의 상호작용을 통해 본질적인 자신을 깨닫고 본연의 자신을 실현하게 된다. 대다수 사람들은 환경과의 상호작용 속에서 사랑받고 인정받기를 갈구하는 탓에 내재적 본질을 좀 더 깊이 탐색하여 자아실현을 이룰 기회를 잃는다.

일상생활에서 우리가 무언가를 하고 싶거나 지금 어떤 생각을 하고 있을 때 잠시 멈추고 자신에게 질문하라. 나는 왜 이걸 하려고 하는가? 이 일로 어떤 느낌을 얻고 싶은가?

우리가 어떤 것을 하는 원동력은 그것이 우리에게 가져다주는 '느낌'이지 그것 자체가 아니다. 가령 우리가 '돈을 벌고 싶은' 것은 돈을 버는 행위 자체가 아니라 '돈을 벌었을' 때의 기분을 누리기 위해서다.

삶의 원동력을 탐색할 때는 끊임없이 자신에게 질문하라. 내가 누리고자 하는 느낌은 무엇인가? 그 느낌을 얻은 뒤에는……? 그런 다음에는? 그 느낌에 만족했는가? 이것이야말로 정말 내가 원하던 것인가? 나는 왜 '그 느낌'을 누리려고 하는가? 계속해서 질문하라.

삶의 원동력을 탐색하는 것은 인생의 내재적 과제이다. 어쩌면 당신도 발견하게 될 것이다. 모든 행위는 어떤 특별한 느낌을 얻기 위해서라는 것을 말이다. 그리고 최종적으로 당신이 갈구하는 것은 바로 '사랑'이며, 그 이면에는 사랑받지 못할 것이라는 두려움이 있다.

본질적으로 사랑은 가장 큰 원동력이다. 우리는 사랑받는 느낌을 갈구하며, 반대로 사랑받지 못했을 때의 느낌을 두려워한다. 내재적 역량에 시동을 거는 첫 번째 단계는 바로 자신의 행위 하나하나의 원동력을 정확히 파악하는 것이다.

사랑이 원동력일 때 자신을 사랑하는 것부터 시작해서 주변 사람을 아끼고 사랑하며, 더 나아가 그 사랑을 우주의 모든 생명체로 확대해라. 그렇게 하면 당신의 행위에는 무궁무진한 추진력이 붙을 것이다. 당신이 사랑하는 일을 하고, 흥분과 기쁨을 가져다주는 일, 진정 나다운 일, 그리고 나의 내재적 본질에 부합하는 일을 하라.

두 번째 단계는 '잃어버리는 것을 두려워하는' 마음에서 비롯되는 행위를 찾아내는 것이다. 그리고 그 행동 양식을 끊어서 그 행위를 만드는 모든 원동력을 없애라. 그 빈자리에는 긍정적인 의미를 찾는 사유(思惟)로 채워 넣어라. 가령 돈이 없는 것을 두려워한다고 가정해보자. 그렇다면 모든 에너지를 돈의 긍정적인 의미를 찾는 데 집중하라. 돈을 잃었을 때의 두려움이 아닌 사랑과 조건 없는 베풂, 공존이라는 긍정적인 의미에서 에너지를 끌어내라. 돈은 그저 물품을 교환하는 수단에 불과하다. 당신이 진정으로 두려워하는 것이 무엇인가? 그것을 직시하고 그 두려움에서 빠져나와라.

인생에서 나를 움직이게 하는 원동력이 매우 중요하다는 사실을 깨달아야 한다. 그러기 위해서는 먼저 당신의 인생을 자세히 살펴볼 수 있도록 해상도를 높일 필요가 있다. 당신이 인생의 1분 1초를 무엇을 위해 살아가는지를 명확하게 살펴봐야 한다. 하루하루를 무엇 때문에 분주하게 지내는지도 모른 채 평생을 산다면, 그 삶은 죽음과 무슨 차이가 있겠는가?

똑같은 행위도 초심이나 출발점에 따라 다르다. 그 초심이나 출발점은 그 일을 하는 과정이나 느낌, 결과에 영향을 미친다. 어떤 생각을 하고 행동했을 때 그 결과는 당신의 생각을 그대로 재현해낸다. 또한 당신이 '원하는 것'과 '두려움'이라는 2가지 생각을 동시에 갖고 출발한다면 역시 2가지 결과가 나온다.

예컨대 '돈을 벌고 싶다'는 마음과 '가난이 두렵다'는 마음으로 열심히 돈을 번다고 가정해보자. 당신은 아마 열심히 노력한 결과로 돈을 많이 벌겠지만, 동시에 쌓아놓은 돈을 잃을지도 모른다는 더 큰 두려움에 휩싸일 것이다.

돈은 결코 두려움을 사라지게 하지 않는다. 오히려 당신이

가장 나다웠던 인생의 한 페이지

더욱 큰 안정감을 얻기 위해 계속해서 돈에 매달리는 악순환을 만들 뿐이다.

　내재적인 원동력을 명확하게 파악하는 것은 아무리 강조해도 부족함이 없을 만큼 중요하다. 우리는 '행위의 초심'을 조건 없는 사랑으로 바꿔야 한다. 이는 '두려움'에서 파생되는 모든 행동을 사라지게 해준다. 모든 행위의 원인과 결과를 파헤쳐보면 내 몸속의 의식이 나의 모든 것을 지배한다는 사실을 발견하게 될 것이다. 사랑의 역량이 점점 커진다면 당신의 두려움은 점점 작아질 것이다. 당신에게는 선택할 힘이 있다. 자신의 내재된 원동력을 살피고 자신의 선택을 스스로 통제하라.

인생을 새로운 버전으로
업그레이드하라

　무질서한 환경이라는 리듬 속에서 예기치 못한 작은 불협화음이 끼어들었을 때 우리는 불안감에 휩싸이기 마련이다. 하지만 우리는 이 불협화음을 하나의 아름다운 삶의 리듬으로 여길 수 있다. 모든 것은 우리의 관점에 달려 있다. 통제할 수 없는 일에 지나치게 집착하면 두려움으로 불안감에 빠진다.

자신의 힘이 미치지 못하는 모든 것에 복종하며 가장 좋은 자연의 안배라고 믿어라. 같은 일이라도 관점에 따라 우리의 경험이 바뀐다. 다행히 관점은 선택할 수 있다.

일상생활의 작은 마찰이나 시시비비를 가리려는 고집을 꺾는다면 인생의 모든 순간순간에서 기쁨과 기적이 찾아오는 것을 발견하게 될 것이다. 복종을 통해 우리의 영혼은 한층 차원 높고 풍성한 인생의 버전을 체험할 수 있다. 당신은 '선택'을 통해 육신과 물질에 깃든 생명의 의미를 바꿀 수 있다. 결국 인간은 빈손으로 죽지 않는가? 제아무리 재산을 산더미처럼 쌓아놓은들 단 한 푼도 가져갈 수 없다.

육신은 인생 체험의 매개체일 뿐 영혼의 체험이야말로 무궁무진한 연속선상에 놓여 있다는 믿음을 선택할 수 있다. 당신의 내면에서 들리는 소리야말로 유일한 당신이라는 믿음을 선택할 수 있다. 당신은 목소리를 듣는 의식이자 '듣는 이'로서 내면의 소리의 품질과 내용을 바꿀 수 있다는 믿음을 선택할 수 있다. 당신 인생에서 일어나는 모든 일을 통해 당신의 생명을 빛나게 만들 수 있다는 믿음을 선택할 수 있다. 당신이야말로 당신의 인생을 지배하는 주인이다.

당신의 손에 놓인 것은 당신이 선택한 관점이다. 똑같은 그림도 당신의 관점에 따라 달라 보이고, 환경과 상호작용하는 당신의 모든 반응도 바뀐다. 매 순간의 환경 속에서 당신은

'보다 나은 버전'의 반응을 선택할 수 있다. 그로 말미암아 당신의 영혼은 그 체험을 통해 지속적으로 진화할 수 있다. 그렇다면 어떻게 해야 보다 나은 버전의 나로 만들 수 있을까? 당신의 의식을 정확하게 살피고 끊임없이 사고하라.

- 보다 나은 나, 혹은 내가 숭배하는 사람은 어떤 결정을 내릴까?
- 나는 새로운 관점을 주입할 수 있다. '사랑'을 출발점으로 삼는다면 '그 사랑을 출발점으로 삼은 나'는 어떤 반응을 보일까?
- 타임머신을 타고 인생의 마지막 순간으로 갔다고 가정해보자. 일생을 되돌아봤을 때 어떤 것이 후회 없는 선택이었는가?

인생의 크고 작은 전환점에서 이 3가지를 두고 반성한다면 보다 나은 모습의 당신을 선택할 수 있다. 당신이 선택의 힘을 통제하고 전환점마다 현명한 선택을 할 수 있다면 더욱 차원 높고 풍성한 인생을 체험할 수 있다.

당신은 당신 인생의
주인공이다

생명의 의미는 인생의 선택 하나하나에 숨어 있다. 설령 처지나 상황이 다르더라도 우리는 자신이 마주하는 일에 대한 반응을 통제할 수 있다. 당신은 명확한 의식을 통해 100% 본질적인 당신, 사랑으로 충만한 당신을 선택할 수 있다. 반면 무의식적으로 삶의 흐름을 좇고, 보호막에 에워싸인 채 극히 일부분에 지나지 않는 당신으로 살아갈 수도 있다. 당신의 선택에 따라 더 많은 역량을 얻거나 아니면 무의미한 삶을 살아갈 것이다.

우리가 '무엇을 믿는가'도 일종의 선택이다. 우리는 지금의 삶을 선택했다고 믿을 수 있고, 또 그 책임을 주변 사람과 환경 탓으로 떠밀 수도 있다. 인생을 온라인 게임에 비유하여 시뮬레이션할 수 있다면, 아마 자신의 능력치나 혹은 아이템 레벨이 남들보다 못하다고 느낄 수도 있다. 그러나 당신의 보잘것없는 캐릭터에도 하루 24시간이 주어지고, 똑같은 영혼의식이 있어서 오감과 내면의 소리를 살펴볼 수 있다. 그것을 살펴본 뒤에는 내면의 소리의 내용과 품질을 향상시키는 연습을 통해 실제 인생 체험을 바꿀 수 있다.

비록 태생적으로 우월한 조건을 타고난 사람들보다 10여

년은 뒤처지더라도 왕쿤카이처럼 후천적인 노력을 통해 똑같은 높이에 도달할 수 있다. 게다가 노력한 대가로 얻은 과실은 아무런 노력 없이 얻은 과실보다 훨씬 달콤하고 그 성취감도 크다.

이 책의 저자들은 한결같이 사물을 보는 관점의 '선택'을 강조했다. 저마다 맞닥뜨린 역경 속에서 자신의 신념과 그 신념을 위해 기울인 노력에 관한 이야기를 들려줬다. 이들은 억지로 구하려고 하기보다 삶의 순리에 따르며 자신들이 얻은 결실을 행운으로 돌렸다.

우리가 통제할 수 있는 것은 외부의 환경이 아니라 내재적인 선택이다.

류쉬안의 이야기에서 보듯이 인생은 자신의 내면에서부터 시작되는 과제이다. 우리가 곤경에 처하는 것은 문제 자체가 아니라 그것에 대한 우리의 '평가와 표식'이다. 머릿속에 비평이나 표식이 생기기 전까지 그 문제는 '당신 앞에' 나타날 수도 나타나지 않을 수도 있는 무작위의 사건에 불과하다. 그 사건 자체는 좋을 것도 나쁠 것도 없다. 하지만 자신의 생각이 덧대어져 그 사건은 좋은 것 혹은 나쁜 것으로 변한다.

이러한 이치를 깨닫는다면 '정서적으로 반응'하는 사건이 일어났을 때 우리의 발목을 잡는 방해물이 되지 않도록 선택할 수 있다. 자신의 부정적인 반응을 씻어낼 수 있다는 것이다.

이럴 때 장전청은 자신에게 이렇게 말했다.

"어서 빨리 관점을 바꿔라!"

우리는 외부의 환경을 통제할 힘이 없다. 끊임없이 변화하며 영원히 통제할 수 없는 세상에 연연한다면 어떻게 진정한 행복과 기쁨을 누릴 수 있겠는가? '삶'을 체험하는 것은 매우 소중하다. 우리는 육체를 통해 인간과 환경의 상호작용을 누릴 수 있다. 가령 거울에 자신을 비추는 것처럼 각각의 상호작용은 각기 다른 내 모습을 비추고 나를 좀 더 자세히 알 수 있는 기회를 준다. 우리는 자넷의 이야기처럼 표식이나 비평을 내려놓고 자신의 다양한 모습을 살펴보고, 또 존중하고 사랑할 필요가 있다.

의식은 외재적인 상호작용을 통해 '내가 누구인가'를 반영하는 것'이다. 각각의 반영은 마치 거울처럼 우리가 수행해야 하는 '내재적' 과제를 비춰준다. 무릇 아무런 느낌도 없는 일에 대해 난처하거나 곤란함을 느끼지 않는다. 우리가 곤란하다고 느끼는 것은 그것을 극복하지 못했기 때문이다. 각각의 정서적인 파동이나 마음의 동요는 우리 영혼의 내재적 과제를 의미한다.

지구상에서 인간으로 살아가는 것은 대단히 멋있는 단체 학습의 경험이다. 우리는 인생의 선배들에게 감사해야 한다. 그들은 우리가 인생의 어느 부분이 헝클어져서 가지런하게 정리되어야 하는지, 또 어느 부분을 해방시켜야 하는지를 가르쳐 준다.

내 삶은
내가 바꿀 수 있다

인생에서 우리가 찾고 있는 것은 무엇일까?

생명의 끝에 도달했을 때 내게 남는 것은 무엇일까?

인생은 체험을 통해 자신이 누구인지를 깨닫는 과정이다. 자기 내면의 소리에 귀 기울이고, 내면의 원동력을 명확하게 파악해야 한다. 내면의 원동력과 사랑의 본질을 결합하여 내 영혼이 강한 역량으로 보다 나은 버전의 인생을 만들어갈 수 있도록 해야 한다.

이 책을 통해 이 세상에서 가장 중요한 가치를 실현할 수 있다면 우리는 '변화할 수 있는 역량'을 가진 사람이 될 것이다. 변화는 이 세상을 바꾸는 것이 아니라 나 자신을 바꾸는 것이다. 인생의 의미는 세계와의 상호작용을 통해 자신을 이해하고, 자기가 누구인가를 발견한 다음, 보다 나은 자신으로 변화하는 데 있다. 삶은 하나의 거울로서 '본래 존재하는 당신'의 모든 것을 비춰준다.

우리가 배워야 하는 것들은 세계와의 상호작용에 따른 모든 좌절과 상처 속에 숨어 있다. 우리가 정서적으로 반응하거나 고뇌하거나 고통을 느끼는 모든 것들이 소중한 인생 수업이다. 우리가 배울 필요 없는 것에 대해서는 처음부터 고뇌하거나 부정적인 반응도 일어나지 않는다.

그러므로 힘든 선택의 기로에 서 있을 때는 당신이 원하는 것, 당신이 꿈꾸던 것을 실행할 수 있는 선택과 반응을 선택하라. 인생의 의미는 매 순간의 선택을 통해 보다 나은 자신을 실현하는 데 있다. 우리가 자신을 이해하고 변화시킬 수 있는 역량을 가진다면 영혼의 본질에 좀 더 근접한 자신을 펼쳐 보일 수 있다. 유한한 생명 속에서 우리가 경험하는 인생의 아름다움과 고통, 감동, 눈물은 인생의 색채를 더욱 다채롭게 만들어주고, 영혼의 체험을 온전하게 만들어준다.

그것이야말로 생명을 풍성하게 해주는 과정이고, 삶과 죽음 사이의 의미다.

짧디짧은 인생 체험에서 이 세상과 외재적인 환경이 어떻든 우리는 중요한 구성원으로서 '내재'된 영혼 의식을 100% 통제할 수 있다는 사실을 잊지 말라. 당신은 인생의 내재된 모든 것을 통제할 수 있다. 당신의 내재된 본질이 세계와의 상호작용에서 나오는 모든 사고와 정서는 당신이 지속적으로 발산하는 에너지의 표식이다.

가장 나다웠던 인생의 한 페이지

당신의 생각이 사랑으로 충만할 때 당신의 마음과 뇌는 조건 없는 사랑 속에서 통합된다. 그래서 당신은 사랑을 대표하고, 또 당신이 사랑이 된다. 당신의 존재는 이 세상을 좀 더 아름답고 완벽하게 만들어줄 수 있다. 그렇게 된다면 당신이 경험하는 모든 것은 삶을 더 완벽하게 만들어줄 것이다. 이는 우주의 규율이자 진리이며 도(道)이다.

인생의 과제는 내면을 파헤치는 것이다. 우리가 나 자신이 누구인지를 이해하고 자신을 초월하게 된다면 마지막 인생 여정은 바로 '나를 잊는 것'이다.

자신에게 반드시 필요하다고 느끼는 가치나 사회적 지위, 혹은 반드시 가져야 한다거나 만들어내야 한다고 생각하며 연연해하지 마라. 죽는 순간 당신이 가져갈 수 없는 것들은 근본적으로 필요하지 않을뿐더러 중요하지도 않다. 마지막 인생 단계 앞에서 자기 자신을 잊고 조건 없는 사랑을 베푸는 영혼이 되어 생명이 가져다주는 모든 체험을 누려야 한다.

영혼의 의식을 무아적인 사랑에 둬라. 삶의 끝에 도달해서는 우주와 의식이 하나가 될 수 있을 것이다. 우리는 본래 한 몸으로 '1'에서 분리되었다. 우리가 바로 우주의 일원으로서 육신을 체험하기 위해 잠시 분리된 것일 뿐 우리의 의식은 서로 연결되어 영원히 존재한다.

두려워하지 마라. 영혼의 여정은 완벽함을 향한 과정이다.

당신이 자신을 내려놓을 때 의식은 하늘과 땅으로 연결되며, 더 나아가 드넓은 우주와 물질 이외의 '공(空)'으로 연결된다. 그리하여 무궁무진한 에너지와 상호 파동 칠 수 있다. 꼭 닫힌 마음을 활짝 열고, 자아의식이나 집념은 내려놓고, 사랑과 합일을 선택하라. 남은 삶은 사랑을 출발점과 종점으로 선택하라.

인생지도사 CC

가장 나다웠던 인생의 한 페이지

초판 1쇄 인쇄 2024년 11월 5일
초판 1쇄 발행 2024년 11월 10일

지은이 류쉬안, 왕쿤카이, 자넷, 장전청, CC
옮긴이 하진이
편집 이원주
디자인 이다오
마케팅 신용천
물류 책글터
펴낸곳 굿북마인드
등록 2020. 3. 10 제2020-000064호
주소 서울시 마포구 망원동 385-33
전화 02-332-3130
팩스 0502-313-6757
전자우편 million0313@naver.com
블로그 https://blog.naver.com/millionbook03
인스타그램 https://www.instagram.com/millionpublisher_/
ISBN 979-11-91777-83-3 (03190)
정가 18,500원